평화의 길은 따로 없습니다. 평화가 곧 길입니다. 전쟁이 일어나도 안 되지만 전쟁이 일어날 가능성을 없애는 것, 그것이 평화의 길입니다. 여기 상인의 현실 감각으로 남북 간의 대립과 긴장의 벽을 허물고자 했던 남북 경협인들의 생생한 이야기가 있습니다. 앞이 보이지 않는 한반도 주변 정세 속에서도 희망의 끈을 놓지 않으려는 수많은 평화 애호가들에게 일독을 권합니다.

_ **정청래** 더불어민주당 최고위원, 서울 마포구(을) 국회의원

현재 대화조차 어려운 남북 관계에서 이 책은 재개될 남북 교류의 주춧돌이 될 것입니다. 남과 북을 오가며, 북측 인사들과 부딪치며 남북 경협의 역사를 써 온 귀중한 경험들이 담겨 있습니다. 반드시 다시 시작될, 다시 열려야만 할 남북 경협의 소중한 지침서가 되기를 바랍니다.

_ **이종걸** 민족화해협력범국민협의회 대표상임의장

남북 경제 협력이 아득히 먼 옛 화석처럼 인식되든, 엄동설한 대지에 봄을 기다리는 씨앗처럼 인식되든, 활발했던 경협의 경험은 민족사의 찬란한 한 페이지입니다. 일제 강점기 독립운동이 그랬던 것처럼, 이 책은 남북 경협이 역사의 '패배자'가 아니라 '선구자'임을 여러 사례로 보여 줍니다. 남북 관계의 해빙, 봄을 기다리는 사람에게 이 책은 새로운 길이자 길잡이입니다.

_ **배기찬** 전 민주평화통일자문회의 사무처장, 청와대 비서관

남북 경협은 오랜 분단사에 민족 경제 발전으로 잘사는 한반도를 꿈꾸며 평화 통일을 대비하는 다리가 될 것이라는 희망을 가지게 했습니다. 남북 경협은 상호 간의 신뢰 구축과 번영과 통일을 준비하는 평화 만들기 사업이었습니다. 5·24조치와 개성공단 폐쇄 이후 남북 경협은 꽉 막힌 채로 세월을 보내고 있습니다. 이러한 때 이 책이 남북 경협인들에게 위로가 되었으면 하며, 많은 기업가와 국민들이 일독하기를 추천합니다.

_ 김의중 인천통일교육협의회 회장, 감리교 원로목사

남북 경협 기업인들의 성공과 좌절을 담은 이 책은 십여 년 전인 2010년까지 남북 경협의 현장을 누비던 중소기업인들의 생생한 이야기입니다. 경협 기업인들이 각자의 영역에서 남과 북이 협력하면 세계적인 경쟁력을 창출할 수 있다고 믿고 실천한 흔적이 이 책에 담겨 있습니다. 우리 단군민족평화통일협의회는 남북의 평화와 통일을 이루는 그 길의 근간이 남북 경협에 있다고 공감하며 그 길을 찾고자 노력했던 기업인들의 기록인 이 책을 적극 추천합니다.

_ 윤승길 단군민족평화통일협의회 공동대표/사무총장

남북 평화와 공동 번영을 위해 지금 우리가 준비할 일은 남북 경협! 치열한 기업가 정신으로 남북 경협의 길을 걸어온 7인의 체험기를 적극 추천합니다.

_ 강병수 인천바보주막협동조합 이사장, 전 인천광역시의회 의원

지금
우리가 ——— 다음
——— 우리에게

지금 우리가 다음 우리에게

남북 경협 1세대 기업가 7인의 격정 인터뷰

펴낸날 | 2023년 5월 17일

말한이 | 김영미·김용관·윤범석·이영성·이종근·정경진·정태원
엮은이 | 경기도경제과학진흥원·남북경제협력협회

편집 | 정미영
디자인 | 박현정
마케팅 | 홍석근
펴낸곳 | 도서출판 평사리 Common Life Books
출판신고 | 제313-2004-172 (2004년 7월 1일)
주소 | 경기도 고양시 덕양구 중앙로558번길 16-16, 7층
전화 | 02-706-1970 팩스 | 02-706-1971
전자우편 | commonlifebooks@gmail.com

©2023 경기도경제과학진흥원·남북경제협력협회

ISBN 979-11-6023-326-1 (03320)

남북 경협 1세대 기업가 7인의 격정 인터뷰

김영미 · 김용관 · 윤범석 · 이영성 · 이종근 · 정경진 · 정태원 말하고
경기도경제과학진흥원 · 남북경제협력협회 엮음

지금
우리가 — 다음
우리에게

평사리
Commonlife Books

"가장 높이 나는 새가 가장 멀리 본다." 리처드 바크의 『갈매기의 꿈』에 나오는 문장이다. 이 책은 남북 경제 협력 현장에서 '가장 높이 날아 보려 한' 기업인들의 기록으로, 이들의 열정과 도전을 고스란히 만날 수 있다.

어느새 역사가 되어 버린 경제 협력(이하 '경협') 기업인들의 경험을 그냥 묻어서는 안 된다. 이들의 경험은 오늘과 내일의 지혜가 될 수 있다. 이들의 인터뷰를 담은 이 책은 그 자체로 집단 지성의 산물이다.

『갈매기의 꿈』의 「마지막 말」에 이런 구절도 있다. "이것은 아무도 미래를 모를 때 쓰였다. 이제 우리는 미래를 안다." 이 문장은 이 책의 미래를 암시하지 않는가. 남과 북의 관계가 '사방의 벽'에 갇힌 지금, 남북 경협 기업인들의 인터뷰를 책으로 엮은 속뜻은 회상을 넘어 미래를 준비하려는 것이다.

이 책은 사단법인 남북경제협력협회 연구진이 경기도경제
과학진흥원에 제출한 『경기도 중소기업 지원을 위한 남북경협
사례연구』(2021년 12월, 이하 『사례연구』)가 바탕이 되었다. 이 연구서
와 마찬가지로 이 책은 남북 경협이 재개될 것에 대비하여 무
엇을, 어떻게 준비할 것인가를 문제 삼고 있다. 금강산 관광이
2008년, 개성공단 이외 남북 경협이 2010년, 개성공단은 2016
년에 각각 중단되었다. 올해로 개성공단의 가동은 7년째 중단
되고 있다. 이처럼 왕래가 끊기고 중단의 시간이 길어지면서
그간 경제 협력으로 쌓았던 역량은 가파르게 소실되었다.

개성공단 중단 전에는 남북을 왕래하던 사람 수가 10만 명이
넘었다. 1989년부터 활발해진 남북의 인적 교류는 2008년 18만
6,775명(방북 18만 6,443명, 방남 332명)이었다. 코로나19 위기가 본격적
이던 2020년에도 왕래 인원은 613명이었으나 2021년과 2022년
에 남북을 오간 사람은 제로(0)였다.

지금은 언제 경협이 재개될지도 모르는 암울한 시기이지만,
'한 줄기 빛이 한반도를 비추게 되리라.'는 낙관을 잃고 싶지는
않다. 승용차와 화물차를 타고 남과 북을 평화롭게 오가던 그
날들을 다시 되살리게 되리라. '고전'들은 수북하게 먼지 쌓인
책장에 꽂혀있을망정 언제든 시대를 앞서 일깨우듯이, 이 책에
실린 '남북 경협의 소중한 경험들' 역시 다시금 꺼내져야 할 '겨
레의 길잡이'와 같은 것이다. 경협은 '민족 경제의 균형적 발전'

과 '공동번영'으로 향하는 새로운 길이기에 닦고 고쳐서 많은 이들이 오가는 '길다운 길'로 만들어야 한다.

이 책에 인터뷰이로 참여한 일곱 명의 주인공들은 인생의 절정기에 기세당당하게 경협에 뛰어들었고 경제적으로 놀라운 성과를 이루었다. 책에서 다루지 않은 수많은 경협 기업인들도 적잖은 성공의 신화를 썼다. 하지만 이들을 한순간 무너뜨린 것은 경영 능력 부족이나 다른 무엇이 아니었다. 다름 아닌 우리 정부의 5·24조치라는 극단적인 대북 정책 때문이었다.

경협 기업인들의 활력 넘치는 사업 경험과 노하우는 미래 세대의 경협 기업인들에게 전수되어야 한다. 이건 누가 해도 해야 할 일이다. 언제인가 '새 술은 새 부대에' 담아야 하고, 새로운 남북 경협 기업인들은 새로운 모델을 창출할 것이다. 그날에도 여전히 '맨땅에 헤딩할' 후대 기업인들을 위해서, '교과서'는 아니지만 '참고서'는 될 책을 마련하고 싶었다. 이 책은 그렇게 시작되었다.

이 책은 실제 사례를 통해 남북 협력의 발전에 저해되는 요소들을 살피는 데 주안점을 두었다. 남북 합의 및 국내 제도와 시스템에 문제가 있다는 점에 대체로 공감하였지만 그 실제는 점검될 필요가 있었다.

남북은 경제 협력을 증진하기 위해 '투자 보장', '이중 과세 방지', '상사 분쟁 해결 절차', '청산 결제' 등 네 가지 분야에서 합의서를 체결하였다. 또한 '남북 교역에 대한 무관세 혜택', '남북 해운 합의' 등도 합의하였다. 하지만 합의는 제대로 이행되지 못했고 내용 일부는 시대에 뒤졌다. 제도와 시스템을 봐도 경협 기업가의 입장보다는 정부의 편의적 관점이 앞섰다. 이 책에서는 경협 기업가의 시각에서 그 개선책을 찾아보려 했다.

한때 남북 경협이 핵무기를 비롯한 북한 전략 무기 개발의 자금줄이 되었다는 몰이해가 유령처럼 떠돌았다. 인터뷰에 참여한 어떤 기업인은 자기 사업이 북한의 대남 도발이나 핵무기 개발의 자금줄이 되었다는 논리에 깊은 상처를 받았다고 한다.

정부는 5·24조치가 나올 무렵에 남북 경협이 북의 대남 도발의 자금줄이 되었다는 인식을 내보였다. 정부는 개성공단을 폐쇄하면서 이 공단이 북의 핵무기 개발의 자금줄이었다는 논리를 앞세워서 '자기 발등을 찍었다.' 경협 기업인들은 비즈니스를 했을 뿐인데 정치 논리에 희생당한 게 억울하다고 말한다. 이러한 정치 논리가 경협 기업인들의 경제활동을 어떻게 얼마나 옥죄었는지 이 책을 통해 짚어보았다.

국가의 경영에서 정치·군사와 경제는 동전의 양면을 이룬다. 경협은 남북 간의 대립과 갈등에서 '완충제' 역할을 하였고, 언젠가는 그 역할을 되찾을 것이다. 실제로 남북 경협이 활발하던 시절에 군사적 대립은 완화되었다. 이 책의 인터뷰 중에서도 이러한 사실을 엿볼 수 있다. 북한이 한·미 합동 군사 훈련을 이유로 평양의 공장 준공식을 연기하려 했다가 남한 기업(대동무역)의 설득으로 준공식이 열렸던 일이 있었다. 군사 훈련으로 긴장이 최고조에 달했는데도 준공식 참가자들을 태운 전세기는 서해 직항로를 통해 평양으로 날아가 무사히 준공식을 마쳤다.

이 책은 경협 기업인들에게 '인생의 황금기를 낭비한 사람'이라고 손가락질하는 세간의 편견을 넘어서려고 노력했다. 우리는 경협 기업인들과의 인터뷰에서 남북 경협이 '경쟁력 있는' 사업이었음을 확인할 수 있었다. 경협 기업인들은 '패배자'가 아닌 '선구자'로 기억되어야 한다. 이들이 자존감을 회복하는 계기는 반드시 올 것이다.

남북 경협의 역사에 그 답이 담겨 있다. 경협은 1988년 노태우 정부의 7·7선언에서 그 싹이 움텄다. 초기에는 대기업이 그 중심에 있었다. 경협은 급속한 성장을 보여 1991년에 교역 1억 달러를 돌파했고 1992년에 위탁 가공 교역이 시작되었다. 1993년 3월에 촉발된 북핵 갈등으로 위축되었던 남북 경협은 1994년 10월 북·미 제네바 합의 이후 다시 활성화되었다.

김영삼 정부하에서 경협은 꾸준히 성장했고 1997년 교역액은 3억 달러를 넘어섰다. 하지만 북한의 고난의 행군, 남한의

IMF 위기를 겪으면서 대기업들은 남북 경협에서 이탈하게 된다. 2000년대 초반 이후 현대아산 등과 공기업을 제외하고는 경협 현장에서 대기업을 찾아보기 힘들었다.

김대중 정부는 1998년부터 남북 경협의 관련 규제를 완화하고 경협의 범위도 확대하는 조치를 취했다. 금강산 관광이 1998년에 시작되어 전환기를 열었고 대규모 인적 교류가 이뤄졌다. 남북은 2000년에 개성공단 사업에 합의함으로써 경협의 새 지평을 열었다. 이 무렵 경협의 중심은 대기업에서 중소기업으로 점차 넘어오게 된다.

중소기업은 이질적이고 경직된 북한 시스템에 능동적이고 유연하게 대처할 수 있었고 이것이 성과로 이어졌다. 중소기업인들이 '선구자'였던 것이다.

이 책에 등장하는 중소기업들은 1990년대 후반부터 2010년 5·24조치 이전까지 남북 경협에 참여해 실제로 성과를 거둔 업체들이다. 일반 교역, 위탁 가공 교역, 내륙 투자 기업들 중 비교적 장기간 사업을 진행하고 성과도 거둔 대상을 택하였다. 이 기준에 따라 개성공단과 금강산관광 부분은 제외했다.

이 책은 남북 경협 중소기업인들과의 심층 인터뷰를 담았기 때문에 기억상의 오류나 체험의 제한성 같은 약점이 있을 수 있다. 본문의 내용 중 일부 관련 기업체 등을 익명으로 처리한 점에 대해서는 독자 여러분의 양해를 구한다. 이는 혹시라도 업체와 기업인들이 불이익을 당하거나 불필요한 논란에 휩싸이는 일이 없도록 하기 위해서였다. 다만 공기업과 현대아산 등 누구나 알 수 있는 것은 그대로 공개했다. 북한의 남북 경협 담당기관인 민족경제협력연합회(민경련)이나 그 산하의 기업 기관들은 그대로 기재하였지만 개인은 익명으로 처리했다.

『사례연구』는 경기도경제과학진흥원이 경기도의 중소기업의 대북 비즈니스 기회와 활로를 모색하고 지원하려는 취지로 발간되었다. 이 책의 출판을 통해 경협에 관심이 있는 많은 분들과 정보를 공유할 수 있도록 허용해 준 진흥원과 그 관계자들에게 깊이 감사드린다. 특히 깊은 통찰로 책에 각별한 관심을 가져 준 진흥원 유승경 전 원장에게도 감사를 드린다. 아울러 본 책은 진흥원의 입장과는 무관함을 밝힌다.

남북 경협에 뛰어들었다가 휴업·폐업의 곡절을 겪은 1,146개 기업(개성공단 123개 기업 제외)에게 이 책이 작으나마 격려가 되기를 바라는 마음 간절하다. 업체와 임직원의 어려움은 '현재 진행형'이며, 정부와 국민들의 관심과 손길이 여전히 필요하다.

끝으로 책의 출간에 노력을 아끼지 않은 협회 김용구 실장, 정숙경 실장, 염규현 연구원에게 감사드린다. 아울러『사례연구』에 참여했던 김기헌 박사, 백인주 박사에게도 감사를 드린다. 전문성을 바탕으로 질 높은 감수를 해 준 유영구 협회 상임 고문(『김정은의 경제 발전 전략』 저자)에게 특별한 감사를 드린다. 출판계의 어려운 사정을 감내하며 남북 경협의 서적을 기꺼이 출판해 준 평사리 출판사에게도 감사드리며, 남북 경협 관련 출판이 앞으로 더욱 늘어나길 바란다. 우리 협회도 이에 앞장설 것이다.

서산대사(西山大師)의 말로 우리 생각을 대신할까 한다. "눈 내린 들판을 걸을 때[踏雪野中去] 모름지기 어지러이 걷지 마라[不須胡亂行]. 오늘 내가 걸은 발자국[今日我行跡], 뒷사람의 길이 될지니[遂作後人程]."

2023년 5월
민족 공동 번영의 봄날을 기다리며
사단법인 남북경제협력협회 대표 이현철

차례

1장

냉철한
사업가 마인드가
원칙이다

석탄 전용 항만을 건설하는 역발상의 전략

이영성 (주)서평에너지 대표

인터뷰를 준비하며

서평에너지는 지하자원 분야에서 남북 경제 협력 사업을 수행한 기업들 가운데 나름 성공적인 기반을 구축했던 기업으로 평가된다.

서평에너지 이영성 대표는 90년대 초 국내의 한 모 상사에 입사하여 러시아 극동 지역의 주재원으로 재직하던 중 IMF 경제 위기 당시에 독립하여 아스트라상사를 설립했다. 아스트라상사는 주요 원자재 중에 철강 관련 제품의 수출입과 삼국 간 중개 무역에 나서서 상당한 성공을 거두었다. 그는 2000년대 초반 30대 나이에 사옥을 매입할 정도로 사업적 수완을 보였다.

지난 2005년 지인을 통해 북한 무연탄 수입 사업을 제안 받은 이영성 대표는 아스트라상사를 기반으로 북한 무연탄 반입의 첫 발을 내딛었다. 그는 대북 사업에 대한 열정과 자신감을 바탕으로 단순 반입 사업을 넘어 상당한 규모의 대북 투자에 나서기로 결심하게 된다. 아스트라상사에서 시작한 대북 자원 사업이 대북 투자로 발전하면서 국내 에너지 관련 공기업, 민간 기업 등과 함께 반민반관 컨소시엄을 구성하여 서평에너지를 설립하기에 이르렀다. 또한 서평에너지는 북한 파트너인 민경련 산하 명지총회사와 함께 합작 회사인 천성석탄합작회사를 설립하였다.

이 책에 이영성 대표를 인터뷰한 이유는 몇 가지를 꼽을 수 있다.

먼저, 자원 분야 남북 경협 기업 중 가장 큰 투자 금액의 남북 자원 협력 사업을 실행하였고, 항만과 운송 인프라 건설이라는 북한 SOC 개발에 참여했고, 상당한 물동량의 북한산 무연탄 반입 사업을 통해 남북 해상 물류 활성화에 기여했으며, 상호 유무상 통식 남북 경제 협력 사업에서 완성도 높고 실리에 부합하는 모델을 구축했기 때문이다. 이 대표는 탄광부터 투자하는 해외 자원 투자의 일반적인 관행에서 벗어나 석탄 전용 항만을 우선 건설하고 그 다음에 부두와 탄광을 잇는 운송 인프라 건설, 마지막 단계에서 탄광에 대한 직접 투자를 하는 역발상 전략을 구사했다. 이 전략이 성공을 거두어 북한에서 생산된 무연탄이 효과적으로 국내에 반입될 수 있었고 경쟁력을 갖추게 되었다.

두 번째는, 고품질의 북한산 무연탄이라는 대체 불가능한 자원을 취급했다는 점이다. 무연탄이 자원 시장에서 압도적으로 중요하다고 볼 수는 없다고 해도 반드시 있어야 하는 자원이라는 것, 그리고 북한산 무연탄은 국내 시장 용도에 최적화되어 타국산은 이를 대체하기 어렵다는 것이 중요한 포인트였다.

세 번째로, 당시 여러 사업자들이 빈번히 북한산 무연탄을 중국산으로 원산지를 바꾸어 반입했고 우리 정부도 이를 암묵적으로 용인하였으나, 이 대표는 공식적으로 남북 협력 사업으로 승인받아 직접 협력 사업으로 진행했다는 점이다. 그는 이를 통해 '북-중국-남' 루트를 '북-남'으로 단축시킨 데에 따른 물류비 절감과 신규 물류 루트 개척을 통한 사업 효율성을 높였고 경쟁력과 투명성의 측면에서 성공을 거둘 수 있었다.

　네 번째로, 남북 경제 협력 사업을 수행하면서 철저한 사전 준비를 거쳐 사업성을 합리적으로 분석하고 냉정하게 판단하여 진행하였다는 점이다. 일부 남북 경협 사업자들이 지나친 민족애의 감성에 사로잡혀 판단을 흐리는 일이 비일비재하였다. 이를테면 북한으로부터 사업 제안을 받았을 때 준비 없이 접촉을 시도한다거나 사업을 수행하는 과정에서도 지나친 연민에 치우치는 사례가 적지 않았던 것이다. 이에 반해 이영성 대표는 남북 당사자 각각의 사업적 역할 수행과 책임 이행에 대해 엄격하게 관리했던 것으로 정평이 나 있다.

　마지막으로는, 국내 사업 주체가 에너지 관련 공기업과 실수요자들이 주주로 참여하는 컨소시엄 형태로 구성되어 민관 협력 사업으로 진행하였던 점을 들 수 있다. 자원과 관련된 사업은 대규모의 투자가 수반되어야 하고 리스크가 적지 않은 비즈니스이다. 서평에너지가 민관 협력 사업으로 추진함으로써 리스크를 줄이고 안정적인 판로와 수요처를 확보하는 효과를 거둔 점에서 볼 때 이상적인 모델이었다고 할 수 있다.

___ 인터뷰에 응해 주셔서 감사합니다.

═ 인터뷰 요청을 받고, 오래된 일이라 다 기억해 낼 수 있을까 고민했습니다. 각각의 사업자가 모두 자기 사업이 특별하다고 하는데, 저 역시 과거 사업에 많은 미련과 회한이 남아 있어 이 야기하기가 조심스럽긴 합니다. 그런데 막상 이야기를 꺼내려고 하니 만감이 교차하네요.

___ 대북 사업을 하기 전 어떤 일을 하셨나요?

═ 1990년대 초 국내 모 상사에서 근무했습니다. 그 뒤 러시아에서 5~6년 정도 근무했고, 1998년 IMF로 당시 회사를 그만두고 법인을 설립해 독립했습니다. 당시에는 주로 철강 수출입업을 했는데요. 철강, 고철, 비철류 등의 국내 수입 중개 무역을 했는데, 사업이 잘돼 실적이 좋았습니다. 당시 서울 마포구에

사옥도 구입했지요. 그때 제가 30대였습니다. 실적이 좋을 때
는 연 매출 8천만 달러 정도였으니, 30대에 독립해서 그 정도면
잘한 셈이죠. 직원들하고도 잘 지냈었고요. 당시가 2000년대
초반이었습니다.

— 대북 사업을 하게 된 계기는 무엇인가요?
= 2005년경 우연한 기회에 지인을 통해 북한 석탄 사업 제안
을 받았습니다. 사업을 제안하신 분은 중국에 나와 있는 북한
의 사업자들을 알고 있어서 북한산 무연탄을 수입해서 판매하
자고 제안을 해 왔어요. 당시 저는 제 일이 바빴고 잘되고 있어
서 관심이 그리 크지 않았습니다.

　그러자 제안하신 분이 사업 자금을 요청해 왔어요. 그래서
회사 명의도 빌려 주고, 사업 자금을 지원했죠. 당시 북한 무연
탄*을 5천 톤 수입했는데 품질도 안 좋았고 남포항에서 선박의
체선과 선적 지연으로 국내로 반입하는 데에도 꽤 많은 시간
이 걸렸습니다. 그분은 반입하면 판매할 곳이 있다고 했었는데
막상 들여오고 나니 구매자가 없는 거예요. 또 기존 국내 수입

---

* 석탄은 연소 시 연기 생성 여부, 탄소 함량, 휘발분 함량에 따라 유연탄(갈탄, 역청탄)과
무연탄으로 구분되고, 유연탄의 발열량은 5,000~8,000칼로리, 무연탄의 발열량은
4,000~7,000칼로리 정도이다. 발전용이나 제철용에는 유연탄을 선호하지만 고열량의
무연탄도 사용이 가능하다. '북한산 석탄'은 주로 무연탄이지만 고열량이어서 국내
발전용으로 반입된 바 있다.

자간의 가격 담합 등으로 판로가 막히고, 그들이 북한산 무연탄이 질이 나쁘다고 소문을 내어 시장에서의 인식이 좋지 않았죠. 사업을 제안하신 분이 직접 판매하기 어렵게 되자 제 인맥을 통해 급하게 처분하게 되었습니다. 사업 제안자와 제가 가까운 사이었으며 본인이 다 알아서 하겠다 해서 믿고 진행했는데, 물건이 들어오니 정작 잘 팔리지 않게 되어 적지 않은 손실이 발생했습니다.

그런데 이 와중에도 이분이 계속 수입을 해 보자는 것이었습니다. 하지만 저는 이 분야 사업을 하려면 판매 능력이 있어야 하고 또한 시장을 이해해야 한다고 판단했죠. 그래서 제가 입은 손실은 그냥 수업료를 치른 셈으로 할 생각이었는데, 계속해서 요청을 하니 걱정도 되고 해서 결국 제가 나서게 되었습니다.

— 결국 북한 무연탄 사업을 본격적으로 하게 된 것인가요?
= 당시 연탄이 그리 비싼 금액은 아니었으며, 제가 러시아에도 개혁 개방 시기에 십여 년 있어 봤고, 또 평소 북한 사업에 대해 조금 관심이 있었습니다. 그리고 제가 다니던 회사에서 북한에 지사를 세우면 가장 먼저 가고 싶다는 생각을 가지고 있기도 했었죠. 또 당시는 김대중, 노무현 정부 시기라 남북 간 분위기도 좋았습니다.

물론 북한 리스크를 감안해야 하고 기존 사업이 잘되고 있었기에 군이 여기까지 가야 하나 고민도 있었습니다. 또 주위에서 말리기도 했고요. 하지만 결국 뛰어들게 되었습니다.

___ 기존 사업을 정리하고 대북 사업에 뛰어든 것인가요?

= 당시 저희 회사 지사가 중국 상해 푸동에 있었고 베트남 호치민에도 있었습니다. 직원도 15여 명 정도 있었죠. 저희가 러시아, 일본, 중국, 베트남, 인도네시아, 방글라데시, 남미, 미국 하와이 등에서 철강 관련 제품을 수입했어요. 대북 사업을 시작했지만 기존 사업도 계속 병행했습니다.

___ 두 사업을 병행하는 것이 쉽지 않은데 자신감이 있었나요?

= 젊을 때라 자신감이 넘쳤습니다. 그리고 잘만 만들면 어느 정도 성과가 나오지 않겠냐는 욕심도 생겼죠. 그렇게 해서 처음으로 북한 회사와 인사들을 접촉하게 됐습니다.

나만의 전문성을 바탕으로 경협에 뛰어들라

___ 당시 북한 무연탄 사업의 전망은 어떠했나요?

= 우리 사업을 이해하려면 당시 국내 석탄 시장에 대한 이해가 먼저 필요합니다. 당시 우리나라에서는 석탄을 연간 8천만

톤 정도 수입했습니다. 국내 생산량은 한 300~400만 톤밖에 되지 않았죠. 약 8천만 톤 중 유연탄이 전체의 90~95퍼센트 정도이고, 무연탄이 5~10퍼센트 정도였습니다. 쉽게 말해 무연탄은 우리가 쓰던 연탄을 말하죠. 무연탄은 몇 개의 큰 수요처가 있는데, 하나는 민수용이고 하나는 산업용입니다.

산업용은 제철소나 화력 발전소, 석회석 및 비철 제련 공장에서 사용하는 것인데 이는 수입을 개방한 것들이었습니다. 민수용은 수요가 연간 3~5백만 톤 정도였는데 국내 탄광 보호 명목으로 수입을 규제했습니다. 석탄공사만이 정부로부터 수입권을 받아 전국 연탄 공장에 공급했어요. 여기서 1년에 280~350만 톤 정도를 사용했죠. 그것을 대한석탄공사가 국내 생산분과 일부 수입분으로 충당했습니다. 서민 연탄용 무연탄으로 다른 나라 무연탄을 쓰려면 점결성의 면에서 적합하지 않아요. 북한과 국내산 탄만 유일하게 연탄용으로 적합했죠. 때문에 연탄용 무연탄은 북한산에 대한 국내 실수요자들의 선호도가 높았습니다.

그런데 국내 생산분은 생산 원가가 비싸서 경쟁력이 없었어요. 태백 등 탄광 지역이 1960~1970년대 우리나라 산업화 시기에 중요한 역할을 해 왔던 지역이지만 점점 중요도가 떨어지고 있었죠. 그렇다고 폐광하자니 지역 사회가 공동화되고 또한 인력 구조 조정 문제, 자원 안보 문제 등이 예상되었죠. 그래서 당시에는 정부가 석탄 산업 합리화 정책을 수립해 지속적으로 생산 및 사용자 보조금을 지급하되, 국내 생산을 점차 감축하고 순차적으로 폐광을 유도하여 수입산으로 대체하자는 분위기였습니다.

정부가 계속되는 석탄 산업 합리화 정책을 펴면서 지역 사회가 공동화되고 그 지역에서 일자리가 사라지니, 지역 경제 활성화 차원에서 강원랜드를 유치해 준 것이었어요. 그 정책은 불가피한 것으로 생산 원가가 높고 품질이 낮은 국내 무연탄을 수입으로 대체하면서 기존 탄광들을 폐광한다는 명목으로 완전 정리하는 것이었습니다. 탄광은 산업화 시기 국내 에너지 공급에 큰 공헌을 했으나 시대의 변화는 피할 수 없었죠.

그런 상황에서 우리는 대체할 무연탄을 찾아야 했습니다. 물류도 원활하고, 우리의 쓸모에도 적합해야 했죠. 이런 환경적인 조건 등을 두루 검토하고 분석한 뒤에 사업성이 있다는 결론을 내렸습니다.

━ 그 후 본격적으로 무연탄 사업을 추진하신 건가요?
═ 2005년 우연한 계기로 처음 5천 톤을 수입하면서 손해를 입었어요. 그래서 계속 사업을 할 거면 먼저 시장을 알아야겠다고 생각하고, 시장 상황, 국내 및 북한 상황을 조사하였죠. 그런 뒤 중국에 가서 북한 측과 사업 협의를 진행했습니다.

그렇게 시작해서 2007년까지 북한 무연탄을 시범적으로 들여왔습니다. 처음에는 직항로가 없어 중국을 통해서 중국산으로 들여왔어요. 그 당시에는 북한산을 모두가 그런 식으로 반입했죠. 북한 무연탄의 산지*는 평안남도 북부 탄전인데, 그곳에서 북한 무연탄 전체 수출 물량의 60~70퍼센트가 나오고 있습니다. 그리고 동해 쪽에서는 원산에서 약간 나오고요. 그런데 수출 루트는 신의주를 통한 철도 운송과 남포항, 송림항 등을 통한 해운이었죠. 우리는 남포나 송림항에서 중국을 거쳐 들여왔습니다.

__ 북한 무연탄을 언제부터 국내 시장에 본격적으로 공급했나요?

⹀ 2005~2007년까지의 2년이 초기 단계인데, 북한 무연탄을 들여와서 국내 소비처에 10만 톤 가까이 수십 번을 시범적으로 공급했습니다. 시장에 호응이 있는지와 실수요자가 만족하는지 등등을 초기에 파악해야 했어요. 시장 조사를 한 것이죠. 시범 공급이라고 해서 100~200톤의 소량이 아니라 보통 3,000톤씩 공급했었습니다. 국내의 다양한 수요처에 탄소 용도로 사용하는 가탄제용, 열원으로 사용하는 발전과 연탄용, 소성용, 난

* 북한 광산 분포도는 https://irenk.net/?menuno=72 참고.

방용, 정수용 등 다양한 용도로 공급하며 테스트를 했습니다. 유연탄의 경우 대부분 열원을 목적으로 사용하지만, 무연탄은 열원과 탄소를 목적으로 사용하는 등 그 쓰임새가 다양했기 때문입니다.*

__ 테스트할 때 북한산이라고 말씀하고 진행했나요?

☰ 물론이죠. 그때는 불가피하게 상당수 중국산으로 반입한 북한산을 썼습니다. 북한산이 워낙 가성비가 좋았기 때문이었습니다.

__ 사업을 위해 연구를 많이 하셨을 것 같습니다.

☰ 무역하는 사람들은 공부를 많이 해야 합니다. 수요처 기술자들과 원활히 상담할 수준까지 지식이 습득되지 않으면 무시당하기 일쑤고 지속적인 거래도 쉽지 않아요.

__ 기존에 하셨던 철광석이나 기타 아이템들을 북한에서 구할 생각은 하지 않았나요?

---

* 북한 황해제철연합기업소에서 1998년 선철 제조에 쓰이는 코크스를 무연탄으로 대체한 '산소열법용광로'를 만들어 조업한 바 있다. 선철은 일반적으로 철광석, 조재제造滓劑인 석회석, 환원제인 코크스를 용광로에 넣고 열풍을 불어넣어 철광석을 가열하는 방법으로 제조되는데 비해 북한에서 개발된 산소열법용광로는 철광석에 무연탄 가루, 산소, 석회석을 혼합해 선철을 뽑는 공법이다. 이처럼 무연탄의 용도는 다양하다.

≡ 제가 2010년까지 무연탄 사업을 잘 하고 있자, 북한이나 남한 사람들 모두 철광석, 선철, 빌렛트, 아연, 동, 마그네사이트, 모래 등의 다른 것도 해 보라고 제안했어요. 그때 저는 그들에게 다른 것을 건드리는 것은 저희 주주들에 대한 신뢰를 저버리는 일이라서 무연탄 사업이 정상화되면 그때 생각해 보겠다고 했습니다. 오직 무연탄부터 성공하고 다른 것은 나중에 하겠다는 생각이었죠. 이것저것 백화점식으로 많은 품목을 취급해 보려고 하는 경협인들도 있었지만, 저는 무연탄 하나만 해도 일이 벅찼고 이것만으로도 어느 정도 성과를 낼 수 있다면 대단한 일이라고 생각했습니다.

가성비, 물류비 등에서 경쟁력을 갖춘 북한산 무연탄

— 북한산 무연탄은 시중 가격에 비해 얼마나 가성비가 좋았나요?

≡ 먼저 전체적인 시장을 알아야 이해되는데, 무연탄을 생산하는 나라가 얼마 없습니다. 중국은 무연탄을 생산하지만 자국 내 자체 수요가 많아 수출을 제한했죠. 그 후로 베트남이 제1위 수출국이 되었는데 우리나라 민수용과 발전용 수요처들이 베트남산에 대한 선호도가 낮았고 북한산에 비해 가성비 측면에서 경쟁이 되지 못했습니다. 그리고 러시아가 있는데 생산량도

적고 물류 비용도 높으며 적기 공급도 어려웠습니다. 이렇게 수급이 불균형하기 때문에 이 사업을 잘만 하면 큰 수익을 거둘 수 있으리라 판단했죠.

___ 때문에 북한 무연탄의 단순 반입을 넘어 본격적인 투자까지 진행한 것인가요?

═ 사업에 대한 확신이 생긴 후 북한산 석탄을 중국산으로 수입하는 사업을 넘어 정식으로 남북 경협 사업자로 승인*을 받아 사업을 하기로 결심했습니다. 북한에 정식 합작 계약을 하자고 제안했는데 북한이 주저하는 거예요. 결국 설득해서 중국에서 북한과 1차 계약에 사인을 하게 되었습니다. 구체적인 투자 계약은 하지 않고 우선 우리가 북한 무연탄 사업에 투자한다는 것과 독점에 관한 계약을 체결했습니다.

우리 대북 투자의 화두는 항상 자원이었잖아요. 그런데 국내에 북한에서 지하자원이나 SOC 사업을 제대로 해 본 사업자들이 거의 없었습니다. 대한광업진흥공사(현 한국광물자원공사)가 북

---

* 통일부는 "남북 경제 협력 사업은 남한과 북한의 주민(법인, 단체 포함)이 공동으로 행하는 경제적 이익을 주된 목적으로 하는 제반 활동으로서 구체적으로 남/북 주민 간의 합작, 단독 투자, 제3국과의 합작 투자는 물론 북한 주민의 고용, 용역 제공, 행사 개최 및 조사/연구 활동 등의 행위 중 사업의 규모나 계속성, 기타 형성되는 경제 관계의 특성을 고려하여 통일부장관이 경제 협력 사업으로 인정(승인)하는 행위를 의미함.(단순 인적교류, 교역은 제외)(출처: 통일부, 남북교류협력시스템)"으로 정의하고 있으므로 남북 경협 사업에는 통일부장관의 승인이 필요하다. 단, 남북 경협 사업자 승인은 2009년 폐지되었다.

한에서 자원 사업을 한다고 했지만, 그것은 단순한 가공 공장으로 일 년에 생산된 제품을 투자비 상환 명목으로 몇백 톤만 반입하면 되는 사업이었습니다.

하지만 저희 사업은 그런 것이 아니었어요. 우리는 직접 북한에 가서 부두를 짓고, 운송 인프라를 구축하고, 선박을 용선하고, 배에 석탄을 싣고 남한으로 반입하여 하역하는 과정까지 전부 다 수행해야 하는 사업이었죠. 대한광업진흥공사의 경우, 금액상으로도 해주에 700만 달러 투자했는데, 우리 회사보다 적은 규모였어요. 저희는 투자 금액도 크지만, 컨소시엄이었죠. 물량만 200여 만 톤을 들여왔습니다. 이를 국내 수요처에 직접 납품하고 판매한 것이죠.

— 사업의 북한 주체는 어디였나요? 아스트라와 계약한 상대가 어디였나요?

= 북한 민족경제협력연합회(민경련)* 산하 명지총회사였습니다. 1차 합작 계약 당시에는 명지총회사를 직접 만나지 못했죠.

---

* 민족경제협력연합회(민경련)는 북한에서 대남 민간 경협을 담당하는 기구로, 1990년대 정무원(현 내각) 시절 대외경제위원회 산하 단체로 출발했다. 민경련은 1998년 5월 이후부터 현재의 이름으로 활동해 오고 있고, 2000년대 남북 경협이 비교적 활발한 시기에 남한의 민족경제협력위원회(민경협)와 함께 경제 관련 단체들의 대북 교역 협의 창구 역할을 해 왔다.(통일부 북한정보포털 발췌)

＿ 본격적인 북한 무연탄 사업은 어떻게 진행되었나요?

＝ 계약, 선적, 해상 운송, 하역 그리고 거의 매일 발전소에 2~3천 톤을 차 또는 기차로 발송과 입고해 주는 일을 모두 수행했습니다. 한국전력공사 산하 3개 발전사와 석회석업체, 대한석탄공사, 현대제철 등의 공개경쟁 입찰에 참여하여 납품을 수주하고 지속적으로 공급을 이행하여 그들의 주요 공급업체로써의 입지를 10여 년간 계속 유지했습니다.

＿ 사업을 수행한 서평에너지는 대표님 사업체인 아스트라상사 단독이 아닌 국내 여러 기업들이 주주로 참여한 컨소시엄으로 알고 있습니다.

＝ 혼자 진행하면 불안하고, 제가 석탄 전문가도 아니니 리스크를 분산하고자 하였습니다. 그래서 대북 지하자원 개발에 관심이 있는 관련 공기업과 업체들이 공동 사업 형태로 진출하는 방안을 추진했죠. 당시에는 많은 공기업과 민간 기업들이 경쟁적으로 북한에 진출하고자 기회를 엿볼 때였고 국가적으로도 남북 협력 사업에서 북한 지하자원 개발이 큰 관심 사항이었습니다.

그 당시 결국 우리가 북한과의 협상을 통해 북한 석탄광 개발 투자 합의서를 받아왔어요. 그 동안의 북한산 무연탄 반입 실적 등을 검증한 후에 업체들이 컨소시엄 참여를 결정한 것이었죠. 당연히 모두 함께 방북하여 현장 검증도 했습니다.
그렇게 사업을 아스트라상사가 하고 나중에는 서평에너지가
승계해서 진행했는데, 쉬운 과정은 아니었고 정부에서도 반대
가 많았습니다.

— 그러한 어려움을 넘어 어떻게 사업을 진행할 수 있었나요?
= 우리의 북한 석탄광 개발 사업은 남포 인근에 석탄 전용 부
두를 건설하며 동시에 탄광까지 운송 인프라를 구축한 후 탄광
개발까지 해야 하는 대규모 사업이었습니다. 투자 규모와 그
상징성이 큰 사업이었기에 저희 같은 중소기업이 나서기에는
좀 벅찬 사업이었죠. 또한 매년 수백만 톤씩 북한 탄광에서 생
산된 석탄을 국내로 반입하여 국내 주요 기간산업에 안정적으
로 공급해야 하는 것은 단순히 한 기업의 문제가 아닌 국가적
인 중요 사업이기도 했습니다. 그동안 추진된 정부의 석탄 산업

대안항 부두 전경과 건설 현장

합리화 정책의 목적과 국내 폐광 예정 지역의 공동화 현상과도 이해 충돌되는 부분이 있었기에, 정부와 관련 공기업들을 설득하고 이해관계 조정 등 업무 협의에 많은 시간이 걸렸습니다. 또한 투자 재원 조달 방안을 마련하는 것도 쉬운 일이 아니었죠.

결국 모두를 설득하여 컨소시엄으로 서평에너지를 세우게 되었습니다. 그리고 나서 북한에 남북 합작 회사인 천성석탄합작회사를 설립하게 되었죠.

__ 남북 경협 사업자 승인은 어떻게 받았나요?

= 제가 대표인 사업체 아스트라가 단독으로 통일부에 남북 경협 사업자와 사업 승인을 동시에 받았습니다. 아스트라가 2007년 11월 신청해서 12월에 승인받고, 서평에너지가 2008년 10월 사업자 변경 승인을 받았습니다. 당시 승인을 받기 위해 거의 일 년 동안 엄청나게 고생했어요. 인허가도 문제가 많았죠. 통일부에 갔더니 자신이 승인처가 아니라 하고, 산업통상자원부에 갔더니 담당 부서에서 부담스러워하며 통일부로 가라며 서로 미루었습니다. 사업이 워낙 방대하고 규모가 크니까 결정을 하지 못하는 것이었죠. 어차피 공무원들은 1~2년이면 또 다른 곳으로 가니까 책임을 지기 부담스러워하더라고요.

저희 같은 작은 회사가 산업통상자원부, 통일부, 광업진흥공사, 석탄공사, 국회 등 많은 유관 기관을 만나서 설득해야 하니 얼마나 일이 많았겠습니까. 정부과천청사를 수도 없이 가서 관련 부처를 만나고 준비했습니다. 그런데 최종 승인권자인 통일부가 승인을 안 해 주는 거예요. 2007년 당시가 노무현 정권 말기이고 여당에서 대통령이 안 될 경우 사업의 추진이 어려울 수 있다며 승인을 차일피일 미루는 것이었죠. 그리고 그해 12월 선거에서 진짜 당시 여당이 패하고 정권이 교체되었습니다. 그럼에도 불구하고 우여곡절 끝에 결국 12월에 사업이 승인되었습니다.

저희 사업은 투자를 한 후에 북한과 합작 생산해서 이윤이 발생하면 우리 투자 몫의 이윤에 해당하는 생산물을 투자 상환조로 매년 받으면 되는 사업이 아니었습니다. 투자의 결과물인 석탄을 산지부터 직접 운송하여 남한으로 가져와서 납품까지 해야 하는 사업이었죠. 또, 남북 간 해상 물류로 제일 많이 움직이는 게 석탄이었는데, 연간 300만 톤을 가져와서 남북의 해운을 여는 사업이기도 했습니다. 남북 물류 협력 측면에서 엄청나게 중요하고 큰 사업이었습니다. 북한 광산에서 무연탄을 항까지 내륙 운송해서 선박으로 해상 운반해 남한 발전소, 제철소, 연탄 공장까지 장기적으로 지속 공급해 주는 사업이었죠.

정부가 주저하는 것을 제가 남북 경협의 새로운 지평을 여는 사업이라는 논리로 설득했습니다. 정부가 이 사업을 승인하기 위해서는 관계 기관이 협의해야 했습니다. 이 사업이 국내 산

업에 피해를 주지 않는지, 지역 사회와 기존 국내 생산 업계 노
조와 수입업체의 반발을 사지 않을지를 살펴야 했어요.

에너지 개발에서 산림녹화까지: 효용성 인정받은 무연탄 사업

— 그렇게 주저하는 정부를 어떻게 설득했나요?

= 우선, 우리에게 부족한 자원을 해외에서 개발해 가져온다
는 당시 우리 정부의 해외 자원 개발 투자 정책에 부합했습니
다. 두 번째, 우리가 다른 나라에서 구할 수 없는 석탄이 북에
있고 물류적 측면이나 수급상 상당한 이점이 있었습니다. 이에
더하여 중요한 건, 향후 북한의 에너지 부족 문제를 해결함에
있어 대안을 제시한 것이었죠. 북한의 홍수 방지와 산림녹화를
위해 산에 나무를 자르지 않게 하려면 주민들에게 취사와 난방
용 연료를 공급해야 되며 그 대책으로 저희는 연탄을 제시했습
니다. 북한 주민들의 연료 부족 문제를 해결하기 위해서는 석
탄 생산을 대폭 늘려야 한다고 강조한 거죠. 당시 산림청에 북
한 산림녹화 관련 예산이 300억 원 정도 있었습니다. 북한 산림
녹화 지원 사업과 함께 석탄 생산 증산 협력 사업을 통한 연탄
보급 사업을 같이 병행해야 된다는 논리를 폈습니다.

그리고 또 하나는 장기적으로 우리가 북핵 문제 해결을 위

해 경수로*를 지어 주려고 했는데 저는 그것이 해법이 아니라고 판단했습니다. 북한이 운영 중인 기존 가행 탄광에 우리가 힘을 보태 증산할 수 있도록 하면 2억 달러면 가능한 것을 왜 경수로 사업에 40억 달러를 들이나 싶었죠. 이에 저는 북한에서 연탄 공장을 시범적으로 하나 설립하여 운영해 보자고 제안했습니다. 당시 약 30~40억 원 비용이 필요한 사업이었습니다. 저희는 한국토지공사(현 한국토지주택공사)와 함께 개성 주민들에게 연탄과 번개탄을 지원한 적이 있습니다. 토지공사가 개성공단을 운영하였으므로 개성 지역 주민들에게 지원한 것이었죠. 일 년에 한 차례 개성 주민들에게 동절기 대비 주민 연료 지원을 위해 연탄과 번개탄 5만 개를 제공했는데, 연탄과 번개탄이 난방 및 취사도 가능하기 때문에 북한 주민들이 좋아했습니다.

__ 사업 승인 이후 어떻게 진행되었나요?

* 1993년 3월 북한의 핵 확산 금지 조약(NPT) 탈퇴 선언으로 야기된 북한 핵 문제 해결을 위한 북·미 간 협상 결과, 북한 핵 시설의 동결·해체와 100만 킬로와트 경수로 2기 제공을 주요 내용으로 하는 미·북 간 '제네바 합의(Agreed Framework)'가 1994년 10월 21일 서명·발효되었다. 이 합의에 따라 북한에 경수로를 건설하는 사업을 주관하기 위해 1995년 3월 한국, 미국, 일본이 참여하는 '한반도 에너지 개발 기구(KEDO)'가 설립되었다. 1995년 12월 KEDO와 북한 간 '경수로 공급 협정'이 체결되고, 이후 후속 의정서와 각종 세부 절차가 마련되면서 KEDO는 1997년 8월 함경남도 신포(금호)지구에서 착공식을 거행하였다. (중략) 그 이후 북핵 문제 해결을 위한 6자 회담에서 2005년 새로운 합의인 '9·19 공동 성명'이 체결됨에 따라, 1994년 제네바 합의에 따라 추진해 오던 경수로 사업은 종료가 불가피하게 되었다.(통일부 북한정보포털 발췌)

≡ 우리는 북한 자원 개발에 있어 수급 및 시장 상황, 에너지 해외 자원 개발, 우리 정부의 석탄 산업 합리화 사업, 북한 에너지 문제 해결과 산림녹화, 나아가 북한 주민의 연료 부족 문제까지 모두 생각했습니다.

이 사업을 위해 중요한 것이 바로 물류였죠. 국내에서 우리 회사 제품을 운송하는 회사 직원과 함께 사업 현장에 가서 물류 대책을 마련했습니다. 이렇게 물류 시스템을 구축하여 5·24 조치로 반입이 중단될 때까지 약 180~190만 톤의 무연탄이 반입되었습니다.

정부를 대신해 관련 공기업이 일부를 투자하며 주주로 참여했고 구매도 해 주었으며, 다른 민간 기업들도 주주로 참여하여 자본 잉여금 13억 원까지 합친 113억 원의 자본금을 확보해서 서평에너지를 출범시켰습니다.

석탄 운송 트럭들

— 북한과 합작 법인*은 어떻게 설립했나요?

= 북한과 천성석탄합작회사를 설립했습니다. 남북 각각 1천만 달러씩 총 2천만 달러 규모였어요. 저희는 남한 투자 몫 1천만 달러를 설비 등 현물로 납입했습니다. 당시는 대북 현금 투자가 불가능했기 때문이었죠. 저희가 투자에 대한 권리로 생산물에 대한 우선 구매권을 가지고 있었는데, 이 우선 구매권을 가지고 시세 가격보다 저렴한 가격으로 무연탄을 구매하기로 합의했습니다. 사업의 파트너는 민경련 산하 명지총회사였어요. 이 사업은 생산물의 반입을 전제로 한 투자 사업이었죠.

— 대북 투자 과정을 소개해 주세요. 그리고 구체적인 대상은 어떠했는지 궁금합니다.

= 해외 자원 개발 투자 기업들은 광산에 대한 직접 투자를 원합니다. 매장량이 얼마, 미래 가치가 얼마다 그러면서 말이죠. 그런데 저는 첫째, 북한 사업의 경우 광산에 대한 직접 투자는 위험하다고 판단했습니다. 광산 같은 허상에 투자하면 안 되었죠. 광산은 북한에서도 가장 열악한 인프라 조건을 가진 오지이고 외국인의 접근을 허용하지 않는 이유에서였습니다. 1차

---

* 북한의 외국인 투자법은 비금융 부문에서 합영법, 합작법, 외국인 기업법으로 구분하며, 이에 따라 각각 기업을 설립한다. 그중, 합작기업은 북한 측과 외국 측이 공동 투자하고 북한 측이 운영하며, 계약에 따라 투자자의 출자몫을 상환하거나 이윤을 분배하는 기업을 말한다.(북한 외국인 투자법 참조)

투자는 석탄 전용 부두를 짓는 게 최우선이었어요. 부두만 안정적으로 확보되어도 훨씬 상황이 나아진다고 강조했습니다.

두 번째는 광산에서 부두를 잇는 인프라를 구축해야 한다고 이야기했습니다. 인프라 구축은 철도는 어려울 것이기에 우선 먼저 트럭을 제공하자고 했습니다. 그리고 마지막으로 앞의 두 사업이 잘되었을 때 신규 탄광 개발이 아닌 기존에 운영 중인 가행 탄광에 투자하겠다고 했습니다.

_ 투자 비용이 꽤 되었을 것 같습니다.

\= 그렇죠. 계속 증액되어야 하는 것이었죠. 그래서 1~2차만 먼저 투자하자고 했고, 그때 주주들이 제 의견에 동의해 주셨어요. 그렇게 해서 먼저 5·24조치 이전까지 우리 몫 1,000만 달러의 투자분 중에 957만 달러 상당의 설비 투자 물자를 반출하여 투자 완료가 이제 얼마 남지 않은 상태였습니다. 그리고 당시 100만 달러 잔여 투자분에 해당하는 미반출 투자 설비들이 이미 공장에서 주문 제작을 완료하고 통일부의 반출 승인을 받아 국내에 창고에 보관되어 남아 있었습니다.

_ 송금은 어떤 방식으로 했나요?

\= 투자는 현물로만 하고 석탄 구매 대금은 다 T/T* 로 보냈어

---

* Telegraphic Transfer, 무역 결제 방식의 하나로 전신환 송금이라고도 하며 은행을 통해 송금한다. 다른 결제 방식에는 'Letter of Credit', 즉 L/C로 불리는 신용장 거래가 있다.

요. 북측 파트너가 지정하는 해외 계좌로 송금했는데 대부분 중국이나 홍콩이었어요. 우리는 투자 사업과 석탄 반입 사업에 대해 일괄적으로 포괄 사업 승인을 받았기 때문에 그 이후로는 별도 개별 승인을 받지 않고 진행했습니다.

— 당시 무연탄의 톤당 단가가 얼마 정도였나요?

═ 처음에는 40달러였는데 많을 때는 100달러까지 갔습니다. 투자는 그렇게 계획에 따라 진행했죠. 안타까운 것은 957만 달러를 투자했으니 96퍼센트를 진행한 셈이고 4퍼센트 잔량이 있었습니다. 그 잔량은 바로 석탄 자동 선적 설비였는데 당시 인천항에서 반출 설비의 선적을 위해 대기하고 있는 사이 천안함 사건이 터졌습니다. 천안함 사건이 터지기 전에 반출 허가를 이미 통일부로부터 받아 놓았었죠.

원래 계획의 투자금 1천만 달러에서 증액되어 일부 초과되는 부분에 대해서도 승인을 받았었죠. 인천항에서 우리 투자 설비를 싣고 갈 북한 〈지성호〉라는 배의 입항 일정을 기다리고 있었을 때였어요. 그리고 동시에 북한과 부두 완공식 행사 참여 논의도 했죠. 그 시점에 천안함 사건이 터지고 선적이 보류되었습니다. 그리고 5·24조치로 선적이 금지되었고 그렇게 지금까지 못 보낸 것이죠. 그 후 다시 이 100여만 불에 해당하는 미반출 투자 설비들을 우리 포항 공장으로 내려보내 보관시켰는데, 10년간 보관했으면 그 손실과 비용이 얼마이겠습니까? 피눈물이 났어요. 나중에 정부에서 이 설비들을 경매로 처분했는데, 어느 고철업체가 4천여만 원에 낙찰받아 갔습니다.

저희가 자본금 113억 원을 다 투자했는데, 추가로 필요한 자금은 법인이나 대표이사 신용 담보로 융통하면서 버텼어요. 초기에는 5·24조치가 길어야 6개월~1년 정도로 생각했죠. 5·24조치 이전까지 180~190만 톤 정도 반입했습니다. 그때까지만 해도 시장의 반응과 추가 수요 확인이 목적이었으니가요.

1~3번 부두까지는 완공을 했고 4번 부두는 미완공 상태였는데, 부두가 모두 완공되면 동시에 선박 네 척을 부두에 접안시켜 석탄을 선적할 수 있었습니다. 그러면 북한의 수출 물량 상당량을 소화해 낼 수 있었죠. 그곳이 대동강 하류의 대안항이었습니다. 저로서는 항만만 완공되면 본격적으로 물량이 늘어날 것으로 생각했어요. 대안항 부두 공사를 해서 보통 7,000~8,000톤급 배가 들어올 수 있고, 추가로 준설을 하면 20,000톤급 배도 들어올 수 있었습니다. 부두 선석 길이를 140~250미터로 만들었어요. 선적 후 출항한 벌크선들이 국내 항만과 중국 항으로 들어오는 것이었죠. 거기에 평남선이라는 평양과 남포를 다니는 철도를 또 대안항에 인입시켰습니다. 물류를 확보한다고 철도 인입 공사도 하고 부두도 짓고 차량도 올려보내고, 부두를 건설하는 데 필요한 말뚝 강관 파이프 등

건설 자재를 다 보냈죠.

__ 대안항에서 인천으로 오는 것이었나요?

= 아닙니다. 국내 어느 항구이든 가능했습니다. 대안항은 평양에서 가장 가까운 국제 무역항이에요. 원래 국제항 허가를 안 내주는데 제가 북한 당국으로부터 국제항 허가까지 받아 왔었죠. 현장에서 공사 작업을 지시할 때 대안 현장에 직접 자주 방문했습니다.

__ 2007년 이후 북한산으로 인정받고 북한 배가 들어올 때 통관은 어떻게 했나요?

= 통관은 선박이 내려올 때 정부가 신고된 바에 따라 입항 허가를 내주고, 입항하면 뱃머리 근처에 간이 초소가 세워져 있었고 북한 선원들이 배에서 내리지 못하게 감시하면서 화물을 하역했습니다.

__ 북한산 무연탄에 대한 평가는 어떠했으며 시장의 규모는 어떠했나요?

= 처음에 시장 부분에서 설명 드렸지만 한국에서 사용되는 무연탄은 북한산이 아니면 사실상 다른 대안이 없었습니다. 그런데 이후 중요한 변화가 있었는데 국내 시장 수요가 상당히

줄어들은 것이었어요. 민수용 연탄 소비도 줄고 화력 발전소 연료 소비가 줄었죠. 한국 시장이 그렇게 큰 것도 아니었기에, 이 사업은 한두 업체가 할 일이었어요.

사람들이 저에게 북한 지하자원에 대해 자주 질문을 해요. 북한에 1차 자원이 많긴 한데, 백화점식 소량의 다품종이 대부분입니다. 세계적으로 내놓을 수 있는 경제성 있는 광산은 몇 개 안 됩니다. 저는 북에서나 남에서나 신규 탄광이 아니라 현재 운영하는 가행 탄광에 투자할 것이라 말했어요. 그곳에서 만일 100만 톤을 생산하고 있으면 300만 톤으로 증산해서 북에서 150만 톤을 쓰게 하고 남한이 150만 톤을 국제 시세보다 조금 저렴하게 가지고 오겠다는 것이었죠. 그리고 이 중 5~10만 톤 무연탄은 북한에서 연탄으로 만들어 북한 주민에게 취사와 난방용으로 다시 되돌려 주겠다는 계획을 제시했습니다. 이에 대해 정부에서도 남북 상생의 경협 모델이고 인도적 지원 측면에서도 적절하다 보았으며, 투자도 순차적이고 합리적이라 평가했던 것 같습니다.

또 중요한 것은 북한과의 통일을 앞두고 에너지 협력, 산림 협력, 그리고 홍수 방지 협력을 하고 싶었다는 점입니다. 그리고 국내에서의 석탄 산업 합리화 정책으로 인해 폐광을 하게 되면 중고 유휴 설비들이 많이 나올 거라고 판단했어요. 현재는 이것들을 고철 처리하고 있고 숙련된 우수한 탄광 기술자들도 사장되고 있는데, 북한에서는 아직도 이런 것들을 유용하게 활용할 곳이 많다고 생각했습니다.

___ 북한에서 가져왔을 때의 물류비와 차이가 났을 것 같습니다. 제3국의 석탄과 북한산은 어떻게 다른가요?

≡ 북한산의 경쟁력은 기본적으로 전체적인 가성비가 좋다는 점입니다. 일단 납기가 짧아요. 그리고 한국에서 북한산을 계속 사용하면서 설비를 북한산에 맞췄습니다. 물론 북한산을 못 쓰는 곳도 있고, 부분적으로 써야 되는 데도 있고, 또 전체를 원하는 곳도 있었습니다. 연탄 공장에서는 당연히 북한산을 쓰고 싶어 했죠. 다른 나라 석탄은 점결성이 모자라 화덕 안에서 깨지는 경우가 많고 연소 후 두 장이 붙어 버리는 경우가 많았기 때문이었어요.

___ 북한산이 시장에서 반응이 좋았을 것 같습니다.

≡ 그렇습니다. 일부만 제외하고 다 좋아했어요. 북한산 탄들이 우리 탄보다 탄질이나 열량에서 우수했고, 기본적으로 다른 수입 석탄보다 가성비 측면에서 월등했습니다. 단, 북한산은 품질 관리에 문제가 있어서 품질이 나쁜 것부터 좋은 것까지 다 오는 경우가 있었어요. 비싼 탄을 수입해야 물류비를 감당할 수 있어서 저는 비싼 것을 수입했습니다. 5·24조치 이후

유엔 제재 전까지 북한산이 전체 해외 수입에서 차지하는 비중이 약 60퍼센트까지 차지했습니다. 5·24조치 이후 남한으로 왔어야 할 석탄을 결국은 중국에 빼앗겨 버린 것이죠.

_ 공사가 완공되면 연간 어느 정도 물량을 가지고 올 수 있는 것이었나요?

≡ 투자는 정부 기준으로는 958만 달러를 했고, 통관 기준으로는 970만 달러, 못 올라간 미반출 설비가 약 100여만 달러가 있었으니, 다 합치면 1,100만 달러가 조금 안 되는 금액입니다. 반입은 약 180~190만 톤을 했죠. 본격적으로 반입됐으면 연간 약 300만 톤까지 할 수 있었을 것입니다. 아마 그랬으면 남북 경협 사업에 또 다른 이정표를 찍을 수 있었을 거예요.

_ 반입이 중단되면서 어떤 문제가 생겼나요?

≡ 저희가 수입 무연탄의 90퍼센트 이상을 대부분 공기업과 대기업에 납품을 해 오다 5·24조치로 납품이 중단되었는데, 이것이 불가항력으로 끝나지 않았다는 점입니다. 공급 지연과 계약 미이행으로 10억여 원의 위약금을 배상했어요. 다른 것들을 모두 합하면 말할 수 없는 손실이었습니다. 국내에도 우리가 묵호항에 만 5천 톤 규모의 보관 저장 창고가 있었고, 포항에는 성형탄 가공 공장과 세 군데의 수입 무연탄 저장과 발송 현장

이 있었습니다. 현장 직원들이 그곳에 약 20명 정도 있었죠. 하역하고 공장이나 수요처에 공급하는 그런 작업을 수행하는 직원들과 설비들이 많았는데, 직원들은 다 퇴직하고 수십억 원 하는 설비는 수백만 원의 헐값에 처분해야 했습니다.

정부에서는 국내에서 본 피해에 대해서는 아예 말도 꺼내지 못하게 했어요. 결국 포항에 있던, 북한으로 가지 못한 10억 원 상당의 투자 설비도 경매로 처분해야만 했습니다. 국내에 분진 방지 설비, 성형탄 공장 등의 여러 인프라들이 있었고, 또 우리는 무연탄 2차 가공업을 하는 계열사가 있었습니다. 우리 회사가 100퍼센트 투자한 회사, 건물 모두 줄줄이 무너졌죠. 게다가 납품을 못한다고 해서 위약 벌금까지 나오고…….

— 국내 설비들에 대한 피해 지원은 당연하지 않았나요?
═ 정부에서는 북한 내 직접 투자 피해 외에는 이런 국내 피해에 대해 들으려조차 하지 않았습니다.

— 5·24조치 이후 투자한 시설이나 설비는 어떻게 되었는지 파악하고 있나요?
═ 5·24조치 이후 지금까지 저는 평양을 한 번도 못 가 봤고, 단지 2016년 개성에 한 번 가서 북한 파트너인 명지총회사 측 인사들과 만난 게 전부입니다. 제가 화나는 점은 우리가 투자

한 석탄 부두를 통해 북한 측에서 매년 280~320여만 톤의 석탄을 중국으로 꾸준히 수출하고 있다는 점입니다. 우리는 다른 회사와 달라서 설비를 정비할 것도 없고 추가 투자가 필요 없었기에 즉시 사업을 재개할 수 있었죠.

정부에서 남북 간 분위기가 좋을 때 방북하라고 했는데, 사업을 할 수 있는 것도 아니어서 속이 상하고 돈만 써야 하니 그냥 가지 않았어요. 개성에서 북한 측을 만났을 때 서로 어려운 상황이 이어지니 각자도생하자고 하고 헤어졌어요. 구차해지기 싫었죠. 그것에 대해 그들이 좋게 생각했던 것 같습니다.

그때 북한 파트너 측에서 석탄을 연간 280~320만 톤 생산한다고 한 말을 통일부에 다 보고했습니다. 한때 많을 때는 북한에서 수출하는 무연탄 물량이 총 1,000만 톤이라고 했으니, 3분의 1을 우리 투자 설비를 이용해서 수출하는 것이지 않은가요? 만약 그랬다면 남북 관계에 새 이정표를 세우는 것인데 속이 많이 상했어요. 물류 측면에서도 2009년에 벌크선 배로만 67척이 들어왔죠. 사업이 제대로 진행되면 일주일에 배가 몇 척씩 들어왔을 거예요. 이러한 일들은 대기업이 아니면 하기 어려운 일이었죠. 그렇기에 5·24조치는 저희에게 완전히 청천벽력이었습니다.

— 투자 규모가 크다 보니 5·24조치 당시 많은 어려움이 있었

을 것 같은데요.

= 5·24조치 다음 날 아침에 바로 전화가 왔어요. 통일부에서 대표적인 경협 업체와 단체들 18곳을 부른 것이었죠. 이 회의에서 5·24조치가 6개월에서 1년 정도 갈 것으로 예상했었습니다. 경협 기업들이 당시 통일부 차관에게 어려운데 고생하신다고 오히려 위로를 하고 헤어졌죠.

몇 년 후 통일부 차관이 식사를 하자고 해서 인사동에 나갔는데 마지막에 제가 그 자리에서 무릎 꿇고 울었어요. 살려 달라고 말이죠. '우리가 힘든 건 마냥 기다리라고 하는 것이다. 정부가 큰 실수하는 것이다. 기업들이 업종 전환을 하건, 직원들 정리 해고를 하건, 규모를 줄이게 하건 나름 생존 전략을 세워 진행할 수 있게 정부가 도와야 한다.'고 호소했어요.

＿ 그 어려움을 어떻게 버텼나요?

= 우리가 2008~2009년에 계속 순이익을 7억 원씩 냈습니다. 그런데 5·24조치가 터지고 나니 돈이 없어 은행에서 신용 대출을 받아 겨우 버텼죠. 그런데 매출이 급격히 감소되면서 적자로 전환됐고 대북 투자금 회수도 불투명해지고 장기화되면서, 기업 신용 등급이 하락으로 이어져 4~6퍼센트 하던 기존 대출금의 이자율이 12~15퍼센트까지 올랐어요. 한 달 이자만 4천만 원씩 나왔죠. 그래서 제가 금융감독원이라도 나서서 고

생하는 경협 기업에게 은행들이 이자율을 높이는 것이라도 막아 달라고 통일부에 수없이 요청을 했어요. 그러나 12년이 지난 오늘까지도 그런 기적은 일어나지 않고 있네요. 나중에 개성공단 폐쇄 때는 범정부 차원에서 지원해 줬는데 우리한테는 안 해 주지 않았냐고 호소도 했습니다.

5·24조치 이후 정부는 본연의 책임을 다하지 않았다

— 5·24조치 당시 원래 사업체인 아스트라상사는 대북 사업을 하기 이전에 하던 사업들을 계속 수행하지 않았나요?

= 서평에너지는 주로 북한 석탄만 취급했고 아스트라상사는 별도 법인으로 계속 철강 사업을 했습니다. 사업을 분리할 필요가 있었기 때문이었죠. 그런데 이명박 정권으로 바뀌자 서평에너지에 주주로 참여했던 관련 공기업이 정부의 공기업 선진화 방안의 일환으로 일 년 만에 자본금을 회수해 달라는 것이었어요. 이명박 정권이 들어와 공기업을 선진화한다고 공기업들이 외부에 투자한 자산과 지분을 매각하려는 것이었습니다. 그런데 그 지분을 다시 되사 주는데 감사원 감사 때문에 파는 가격이 10퍼센트라도 이익을 봐야 한다고 해서 그렇게 사 주었습니다. 가뜩이나 어려운 상황 속에서 엎친 데 덮친 격이었죠.

― 우리가 겪은 시행착오들로 노하우도 생겼으리라 봅니다. 이제 다시 대북 사업을 준비한다면 어떤 것들이 필요할까요?

= 저는 대북 사업을 함에 있어 평양이나 기타 지역에 들어가는 사업가들은 토지공사나 현대아산이라는 테두리가 있는 금강산이나 개성과는 달리 스스로 조건을 갖추어 들어가야 한다고 생각합니다. 제가 나름대로 준비도 많이 하고 가서 일부 성과도 냈고 그 문턱에서 넘어져 봐서 이렇게 왔지만 말이죠.

― 5·24조치 이후 석탄 사업은 계속했나요?

= 2015년까지는 그래도 연간 30~40만 톤을 계속 다른 나라에서 수입했습니다. 인도네시아, 베트남, 러시아에서 수입해 기존 거래처들에 계속 공급했죠.

― 북한산 무연탄 사업의 문제점은 어떤 것이 있을까요?

= 북한산이 경쟁력이 좋은데 문제점은 주지하다시피 품질과 공급의 안전성 부분입니다. 분진이나 수분 관리 등의 품질 관리가 제대로 이루어지지 않아 가끔 문제가 되기도 했죠. 또한 정치적 상황에 따라 변동하는 공급 안정성이 문제입니다.

― 사업을 하면서 다른 어려움은 없었나요?

= 당시 저희처럼 많은 벌크 화물을 움직이는 회사가 없었어

요. 저희 화물은 중국을 경유해서 오는 것도 있고 직항로도 있었습니다. 당시 정부가 직항로도 허용했고 중국 경유도 허용했어요. 그런데 나중에 5·24조치가 터지고 나서 국적을 위장한 탄을 반입했다고 신문에 나왔습니다. 저희 회사와 본사에 두 차례 압수 수색이 나왔죠. 해경 수사대에서 조사를 받고 검찰로 이첩되었어요. 제가 통일부의 승인과 묵인하에 중국을 통해 들여온 거 아니냐고 따지니 검찰에서 기소 유예로 처리해 주더군요.

남북 간에는 해운 합의서*가 있습니다. 남북을 외국이 아니라 하나의 민족 경제 공동체로 보고 단일 국가 내에서의 운항으로 보는 것이죠. 남북 해운 합의서에 따라 선박 운항에 대해 남북 간 합의한 것이 있습니다. 배를 운항할 때는 먼저 통일부의 승인이나 북한의 승인을 받아야 한다는 것이죠. 운항 일시, 선명, 입항 일자, 목적, 톤수 이런 것들을 적어서 미리 일주일이나 한 달 전에 통지하고, 상대방 승인을 받아 운항과 입출항을 하게 되는 것이에요. 배가 올 때는 유엔사와 해군에 의해 감시와 보호를 받고 오게 됩니다.

* 남북 해운 합의서는 1990년대 중반부터 시작된 남북 간 교역을 활성화하기 위해 남북 당국이 마련한 규정이다. 2001년 6월 북한 상선 세 척이 제주해협을 무단 통과하면서 쟁점화된 뒤 3년간 논의를 거쳐 2004년 5월 정세현 당시 통일부장관과 권호웅 북한 내각참사가 참가한 남북 장관급 회담에서 합의돼 그해 8월 채택됐다. 남북 해운 합의서는 남북이 쌍방 간의 해상 항로를 민족 내부 항로로 인정해 상대측 선박의 항해를 보장해 주는 것이 핵심 내용이다. 합의서는 또 남북은 자기 측 해역에서 상대측의 선박에 충돌, 좌초, 전복 등의 해양 사고가 발생했을 경우 필요한 응급조치를 실시하고 선원과 여객의 신변 안전과 무사 귀환을 보장하고 있다.(출처: 연합뉴스)

그런데 여기에 문제가 있었습니다. 우리나라가 남북 해운 합의에 따라 배 운항 허가를 줘야 되는데 이것이 해운 업계의 이권이 달린 문제였죠. 선박을 운항하는 회사는 두 가지가 있습니다. 내항 면허 허가(연안 운항 허가)와 외항 운항 면허입니다. 그런데 앞으로 이 큰 남북 해상 물동량이 돈이 되겠다고 보고 영세한 내항 운항 면허 허가를 가진 업체들이 다 달려들 수도 있다고 생각했어요. 문제는 이 업체들이 석탄 배도 없고 북한 항에 들어가 본 경험도 없다는 것입니다. 일단 권리만 가지고 싶은 것이죠.

남한 측에서 선박을 운영할 경우에는 해운 면허가 없는 우리 회사가 직접 배의 운항을 할 수 없고 한국 국적 선사가 운항을 해야 한다고 하더군요. 그래서 여러 국내 선박 회사를 접촉했더니 중국을 경유해 들어오면 해상 운임이 톤당 12달러면 되지만, 직접 남한으로 입항 시 톤당 25달러를 요구하는 것이었어요. 그래서 통일부, 해양수산부를 방문해 이러한 애로사항을 설명했고 더욱이 선박 자체가 없다고 항의했습니다. 해수부에서 선박을 찾아주겠다고 하더니 결국 배가 없다고 하더라고요. 석탄값이 60~70달러인데 그냥 톤당 13달러를 초과 운임으로 받겠다고 하면 이게 말이 되냐고 따졌죠. 그러면서 이것은 매우 불합리하고 남북 경협 사업을 저해하는 제도이니 빨리 개선해야 한다고 했지만 결국 지금까지도 고쳐지지 않았습니다.

그래서 동일한 선박을 북한 측에 주고 통일부에 운항 허가를 신청하는 대안을 찾았습니다. 그래서 우리가 북측에 선박을 주고 북측에서 남측에 운항 허가를 받게 하여 톤당 12달러의 해상 운임료를 지불하고 한동안 계속 활용하였습니다.

이에 더해 남북 해운 합의는 운항 시마다 출항하는 선박에 대해 남북이 상대방에게 사전에 입항 항만, 날짜와 시간을 통보하고 승인하게 되어 있는데 이 또한 문제였습니다. 바다의 상황이나 선적 사정에 의해 지연되는 경우 통지된 대로 정확하게 출항이 되지 않으면 상대방 지역으로 입경 및 입항이 불가능해지는 것이었죠. 이러한 점은 화주 입장에서는 어렵고 불리한 부분이니 남북 당국이 협의하여 개정하였으면 합니다.

__ 그 배는 북한 국적이었나요?
≡ 북한 국적도 있고 러시아, 중국 국적일 때도 있었습니다. 내항을 운항하는 데 제3국적도 가능한 것인지 궁금할 수도 있는데, 가능했습니다. 제가 공무원들에게 말했습니다. 정부 차원에서 북한 지하자원 매장량의 가치를 홍보하고 남북 협력을 통한 개발을 계획하는 것으로 아는데, 지하자원 개발 사업을 허가했으면 그 투자의 성과물을 가져올 수 있도록 후속 조치도 당연히 취해 줘야 되는 것 아니냐고 했죠.

5·24조치 이후 제가 반복해서 이야기했습니다. 지금 같은 휴

지기에는 통일부 공무원들이 과거를 돌아보고 미흡했던 부분들과 법률적인 제도들을 정비해야 한다고 말입니다.

또 문제가 있는 것이, 우리가 투자 설비를 반출하면 이는 외환 관리법상 또는 수출 관리법상 수출이었습니다. 그러면 설비에 대해 부가세를 환급해 주게 되어 있죠. 특히 해외 자원 개발은 큰 규모의 자금이니 거기에 대해서 정부가 정책적으로 더욱 부가세를 환급해 주어야 합니다. 그래서 연말에 부가세 환급을 신청했는데 안 된다고 했습니다. 그 이유가 국내 석탄 산업 보호법을 들면서 이 사업이 우리나라 산업에 저해된다는 설명이었습니다. 하지만 이것은 예전 1960년대 이야기이죠. 지금 우리는 자원이 없어서 해외 자원 개발을 지원하고 장려하는 시대인데 현실에 맞지 않았죠.

상황이 이렇게 바뀌었음에도 국회에서 법을 바꾸지 않았습니다. 아직까지 당시 납부한 부가세를 한 푼도 환급받지 못했어요. 그래서 통일부, 산자부에 호소하고 민원도 냈습니다. 이 법은 입법 취지를 상실한 오래된 사문화된 법이고 현실성이 없는 것이다, 국내 기업들이 해외 자원 개발한다고 정부가 저리 융자해 주고 독려하는 판에 말이 안 되는 것 아니냐고 따졌습니다. 그랬더니 마지못해 투자가 완료되어 석탄이 본격적으로 수입되어 들어오면 그때 봐서 일부씩 환급 여부를 재검토해 줄 수 있다고 했습니다. 결국 끝내 받지 못했네요.

— 남북 경협을 하면서 느낀 전체적인 개선점은 무엇인가요?

= 대북 사업을 수행함에 있어 안정성과 지속성을 확보해 주는 게 중요하고, 다음으로 이른바 3통(통행, 통신, 통관) 문제*에 대한 불합리함을 뼈저리게 느꼈습니다.

— 많은 경협인들이 3통 문제 때문에 어려움을 많이 겪은 것으로 알고 있습니다. 또 다른 문제점은 어떠한 것들이 있었나요?

= 또 한 가지는 남북 간 상사 분쟁이 생기면 도대체 어떻게 해결하는 것인지에 대한 문제입니다. 중재를 한다면 위원회가 어떻게 구성되어야 하고 양자가 몇 명 위원으로 구성하고, 합의가 안 되었을 때 투표를 어떻게 하고, 평결이 나왔을 때 이것이 자국법에 우선하는 강제력이 있는지, 상대방에게 압류나 청구를 할 수 있는지 등의 체계를 모두 만들어야 할 것입니다.

해운 합의 문제 등 미비한 부분들은 각론 측면에서 해법을 모색해야 합니다. 제 경우처럼 투자에 따른 생산물 반입을 위한 선박 용선과 운항 허가 문제, 투자 설비 반출에 따른 부가세 환급 문제 등도 마찬가지로 해법을 만들어야 할 것입니다. 그

* 흔히 '3통'으로 줄여 쓰고 '통행·통신·통관'을 뜻한다. 통행·통신·통관은 국가 간 또는 서로 관할 주체가 다른 지역 간에 교류 협력할 때 사람과 차량, 물자의 이동, 정보·통신의 교환 등에 필요하다. 통행과 통관은 공항을 통해 외국을 오고갈 때 거치는 출입국과 세관 검사를 연상하면 된다. 물품 역시 공항이나 항만에서 통관 절차를 거쳐 반출입이 이루어진다. '통신'은 전화, 우편, 인터넷, 전파 등을 이용한 정보 교환을 말한다.(통일부 국립통일교육원 남북 관계 지식사전)

리고 경협 자금을 쓰는 데 업체들의 접근성이 매우 어렵습니다. 아는 사람만 쓰고 접근 방법도 모르는 이들이 많았죠.

제가 마지막으로 드리고 싶은 얘기는, 통합된 남북 경협 전담 기관이나 기구 같은 것을 세워야 한다는 것입니다. 통일부는 당국 간 협의 외에도 사회, 문화, 경협, 전문 분야 사업 등 관리하는 것이 많습니다. 산자부는 산업과 관련된 부처라 협의하고 도와줄 여지도 많고 경협이나 인허가에 대한 이해도도 높습니다. 그러니까 관련 부처들이 모두 참여하고 전문성을 강화한 남북경협공사 같은 기관이 필요한 것이죠.

사업자들은 경협을 할 마음은 있는데 시장 조사나 바이어 발굴이나 이런 일들을 어떻게 해야 할지 모르니 중국에 가서 헤매고 민경련 창구 등을 찾아다니고 그랬습니다. 상사 중재나 결제 이런 문제를 민간이 각자 해결하기 어렵죠. 누군가 이런 부분들을 지원하고 통제하고 북한과의 협상을 도와주는 등 거시적인 측면에서 조절, 조정해 주는 역할을 수행해야 할 것입니다.

경협 지원의 전문성 갖춘 독자적 공사 설립해야

— 사실 남북교류협력지원협회*가 그 역할을 해야 하는 것 아

* 남북교류협력지원협회는 남북 교류 협력과 관련한 정부 위탁 업무 수행, 조사 연구 및 분석, 대정부 정책 건의 등을 통한 남북 교류 협력 활성화 지원을 목적으로 2007년 5월 18일 설립된 대한민국 통일부 소관의 사단법인이다.

닌가요?

= 중요한 이야기입니다. 향후 남북교류협력지원협회가 자산 관리공사와 같은 역할도 해야 한다고 생각합니다. 피해 업체들에게 목돈을 지원해 업종 전환을 하건 어떤 대안을 찾게 해야 하는데, 업체들에게 드문드문 지원금이나 대출하게 해서 결국은 수출입은행에 경영권도 담보로 내어 주고 이자는 계속 늘어나는 악순환을 겪고 있는 것이 아닌가요?

– 남북 경협이 재개되면 다시 진출할 의향은 있나요?

= 재개되면 다시 한번 같이 해 보자는 분들도 있지만, 전 남북 경협 재개 여부는 상황을 좀 더 지켜보자는 입장입니다. 60~70대에 이런 일을 당했으면 시원하게 돌아섰을 텐데 아직은 제가 젊기에 지켜보고 있습니다. 한 가지 덧붙일 것은 NGO들이 지나치게 민간 경협 사업의 영역에 깊숙이 관여하여 민간에서 잘 진행하고 있는 사업을 채 가는 경우도 많다는 점입니다.

– 북한 입장에서는 NGO가 계속 지원을 해 주니까 거기에 대한 보답 차원에서 그런 것 같기도 한데요.

= 문제는 NGO가 구입해 오는 거래 조건과 가격이 민간 기업이 구입하는 것보다 더 질이 나쁘고 비싸다는 점입니다. NGO 인사들은 자신의 관점에서만 얘기하죠. 그러나 각자의 영역에

서 나름대로 그 목표와 순수성을 명확히 할 필요가 있다고 봅니다. 저는 북한에 기업인으로 경제 활동을 하러 갔을 뿐입니다. 만약 사업이 잘되면 협의해서 뭘 해 줄 수 있겠지만, 전 사업에 충실하는 게 우선이라고 생각했습니다.

— 후배들이 대북 사업을 하는 것에 대해 어떻게 생각하나요?
≡ 저는 대북 사업을 하며 40대를 넘기고 50대 초반을 넘겼습니다. 전 대북 사업이 가야 할 길이고 민족의 문제이자 중요한 미래의 문제라고 봅니다. 하지만 냉정하게 사업적 관점에서 수익성에 충실한 것이 옳다고 봅니다. 어설픈 감성에 너무 치우치지 말라는 조언을 해 주고 싶습니다. 저는 북한에 가서도 많이 싸웠어요. 북한 파트너가 약속을 지키지 못하는 것에 대해서도 문제를 제기했고, 공사 기한을 지키는 것이나 결과물이 제대로 나오지 않는 것에 대해서도 늘 그 책임을 추궁했죠.
북한은 우리와는 마인드가 매우 달라요. 남한에서는 투자를 했으면 성공이건 실패건 결과물이 있어야 하는데, 남북 협력 사업에서는 결과물이 없는 경우가 많이 있었어요. 남북 경협 사업의 실태와 환경이 얼마나 취약한지 알아야 합니다. 남북 경협에 환상을 가져서는 안 돼요. 신중하게 접근해야 합니다.
그리고 저는 과거에 북한과 체결했던 계약들이 현재도 유효할 수 있을까에 대해 회의적입니다. 사업은 사업으로 냉정하게 보고 동포애적 기여나 그런 것들은 성공한 이후에 생각하라는 말을 해 주고 싶습니다. 저희 회사는 많은 주주들이 있고 이들에게 보여 준 결과가 곧 이 사업에 대한 평가이죠. 기업하는 분들은 사업적 측면에서 성공하는 것이 북을 도와주는 것이고 우리에게도 도움이 되는 것입니다. 그리고 자신의 전문 분야에서 사업을 해야 한다고 말해 주고 싶습니다.

___ 만약 경협 사업을 구상하고 있는 사람이 있다면 사전에 어떤 준비를 하라고 충고해 주고 싶으신지요. 또한 북한과의 소통에서 어느 부분을 생각해야 할지도 소개해 주세요.

═ 사업을 할 사람은 본인의 사업 마인드와 결정력으로 북한 사람들을 대해야 합니다. 북한 사람들을 대할 때 자신 있는 태도로 내가 할 도리를 다하고 약속을 신중하게 하고 그 약속을 지켜서 북한도 그 약속에 따라 이행하도록 해야 합니다. 술 한 잔 먹으면서 의기투합은 하더라도 태도는 언제나 사업가로서의 마인드를 유지하며 그것에 맞게 대하라고 말하고 싶습니다. 사실 우리는 제가 결정을 하면 추진할 수 있지만, 북한 사업 상대방들은 대부분 결정권이 없어요. 변수나 문제가 발생해도 그것을 조정하고 해결해 주는 조정 기구도 없고, 만나서 조절을 할 시간도 충분하지 않습니다.

처음에는 소통을 간접적으로 해야 하고 만나도 직접적으로 말하기가 조심스럽고 어렵습니다. 때문에 어느 정도 사업이 진행되면 본인의 사업에 대한 열정과 철학과 원칙을 꾸준하게 유지하고 가라고 말해 주고 싶습니다. 그렇게 해서도 실패한다면 그것은 스스로 결과를 인정할 수 있죠. 하지만 지나친 온정주의에 빠지거나 주위의 부추김에 휘둘려 나쁜 결과가 나오면 너무 후회스럽고 책임도 질 수 없어요. 그런 이유로 마지막으로 북한 파트너를 만났을 때 너희는 너희대로 살길을 찾으라고 했고 나도 내 살길을 찾겠다고 하고 헤어졌습니다.

— 북한하고 합작 기업을 했을 때 어려웠던 점은 무엇인가요?
= 모든 게 처음이라 낯설었고 제도적 지원 기반도 부실해 어려움이 많았습니다. 때로는 아무도 가지 않았던 길을 새로 내야 하는 것이기도 했고 무엇보다 3통 문제가 가장 큰 문제였습니다. 대북 투자에 대한 투자 보장책이 개성공단 투자 기업에 한해서만 일부 시행되어 북한 내륙 진출 기업은 가장 큰 피해자가 되었죠.

어떤 문제가 발생했을 때 정부가 특별히 도와준 게 없습니다. 정부가 관여는 하지만 업체에 실질적으로 도움이 된 경우는 거의 없는 게 사실이에요. 급작스런 남북 정치 환경의 변화로 사업의 일시적 중단이 발생하고 경협 사업의 구조적인 문제가 있어도 정부는 대안이나 해법을 제시하지 않고 방관하면서 관여는 하지만 실질적으로 도움이 되지는 않았습니다. 남북교류협력지원협회가 공사 형태가 되어 자금 대출이나 결제에 있어 업체들에 실질적인 도움이 되었으면 좋겠습니다.

__ 향후 남북 경협은 어떻게 전망하나요?

= 당장은 남북 관계에 대해 밝은 전망을 가지고 있지 않습니다. 한 4~5년은 어렵지 않을까 생각해요. 그리고 경협이 열린다 해도 기존 사업자들은 다 힘이 빠진 상태이고 자금도 없고 노쇠한 상태이니 어려울 것입니다. 북한도 상징적으로 현대아산이나 이런 회사는 인정할지 몰라도 우리에게는 그렇지 않을 것으로 예측합니다. 우리가 사업권을 주장한다 해도 북한의 사업 재개를 위한 요구가 우리가 감당할 수 있는 수준이 아닐 것입니다. 저는 생각은 하고 있지만 기존의 업체들은 자중하면서 상황을 지켜보지 않겠냐 하는 생각을 합니다. 그리고 조만간 남북 간에 무언가가 이루어질 것이라고 보지 않습니다.

정부가 남북 경협의 대출 문제나 기존 사업권자에게 재개를 위한 대북 협상 지원을 하는 등의 해법을 제시해야 하는데 아무것도 하지 않고 있습니다. 정부가 개성공단을 재개하던지, 남북 관계 개선을 향한 어떤 계획과 로드맵, 그리고 사명감과 의지가 있어야 하는데 그런 점이 부족한 건 사실이죠.

지자체의 특성 살린 남북 만남과 소통의 공간 만들어야

__ 정부에게 가장 바라는 점은 무엇인가요?

= 통일부에서 인허가나 사업을 관리하는 담당자들이 자주 바뀌고 전혀 무관한 업무를 했던 사람이 담당하는 경우도 있고 하니 제대로 협의가 되지 않고 지속성도 없어요. 그러므로 담당관들은 전문성을 갖추고 기업이나 그 사업에 대한 이해를 높여야 합니다.

또 한편으로는 기금들이 너무 산재되어 있고 접근성도 떨어집니다. 이런 점이 우리 정부가 부족합니다. 이제는 미래를 위해 우리의 체력을 강화하고 미흡한 부분들을 정리해야 합니다. 흩어진 조직과 기능들을 통합하고 미흡한 부분들을 정비해야 한다고 통일부를 만날 때마다 강조했었죠. 2015~2016년에 통일부에 남북 경색으로 교류 협력 사업들이 진행되지 않을 때 시스템을 정비해야 한다고 수차례 강조했어요. 지금 정비를 해 주지 않으면 향후 남북 협력이 재개될 때 반드시 문제가 발생한다고 호소했죠. 문제를 숨기지 말고 리스트업 해야 한다고 누누이 이야기했어요.

그리고 업체마다 다 어려운 점이 있지 않겠어요? 통일부가 이를 다 파악하고 있어야 합니다. 그리고 문제들에 대한 대응 매뉴얼을 만들어 이러한 문제가 다시 터졌을 때 대처할 수 있는 능력을 키워야 하죠. 그렇게 준비한다면 다음에 다시 이런 일이 터질 경우 업체들에게 어떻게 대응해야 하는지 안내해 줄 수 있을 것입니다. 그러면 업체 입장에서는 피해를 최소화할 수 있을 것입니다.

― 정부가 남북 경협 기업을 위해 기본적으로 할 일은 무엇인가요?

＝ 정부에서 왜 경협 관련 공사를 세워야 하는지 말씀드리겠습니다. 정부가 수출입은행을 통한 대출 등의 경우, 우리 기업들의 투자 자산을 담보로 잡잖아요. 그런데 담보를 잡았어도 정부가 직접 운영까지는 하지 못하죠. 그래서 공사가 자산을 관리하되 업체한테 운영을 위탁해야 합니다. 그리고 정부가 업체들의 기존 대출이나 부채 이런 부분을 과감하게 청산해 줘야 한다고 업체들이 강하게 요구해야 합니다.

경협 사업이 조만간 재개될 수 있을까요? 솔직히 저는 1~2퍼센트 정도라고 봅니다. 제일 걱정은 또 잠깐 봄이 오는 것이에요. 그것 때문에 마지막 남은 시드 머니seed money까지 소멸되고 나면 우리에게는 더 이상의 기회가 없을 것입니다. 대북 사업의 이러한 리스크에 대해서는 다음 세대 기업인들이 반드시 알아야 합니다. 물론 북한이 기회의 땅인 것은 사실이고 반드시 우리가 협력해야 하는 대상인 것도 사실입니다. 하지만 경협을 위한 가이드라인이 안정되지 않은 상황에서 들어가는 것은 위험합니다. 대기업들이 대북 사업을 하지 않는 것은 북한의 사업과 투자 환경을 너무 잘 알기 때문입니다. 예를 들어 삼성이 투자했는데 그 품목이 미국이나 유엔의 제재 대상이 되면 프로젝트는 즉시 폐기되는 것이죠. 그리고 지금의 북한은 정상적인 경협을 하고 장기적인 사업 비전을 구상할 정도의 산업 분위기나 시스템적 기반 그리고 인적 풀pool이 없다고 봅니다.

제가 남북 경협의 전망을 아주 부정적으로만 보는 것은 아니지만, 북한의 현실은 사업자들이 냉정하게 봐야 합니다. 저는 원래 북에 대해 우호적이었고 경협이 재개되면 다시 하겠다는 생각을 가졌던 사람인데도 너무 힘든 세월이 길다 보니 시선이 냉정해진 듯 합니다.

▬ 이제 지방 자치 단체(지자체)도 경협 사업자처럼 하나의 사업 주체가 되었습니다. 대표님처럼 개성공단이 아닌 내륙 진출 기업들이 경험을 통해 취득한 노하우가 많을 것입니다. 이를 지자체와 결합하여 시너지 효과를 낼 방안들이 있을까요?

═ 우리 사회에 경협 사업이 심화되고 다양화되고 또 경협의 주체들이 더 다양화된다면 아주 좋은 현상이죠. 지자체가 우리 기업인들처럼 이익을 추구하지 않을지라도 너무 공적인 영역으로, 예를 들어 무조건 인도적 지원만 하는 것에 저는 반대했

습니다. 중요한 것은 남북의 긴장 관계를 완화시키는 데 도움이 되는 방향으로 할 수 있는 부분이 필요하다는 것입니다.

지자체의 특성을 살릴 수 있는 아이템이나 사업으로 가야 됩니다. 얼마 전 인천 연구원에서 개최한 세미나에 갔었는데요. 인천이 옹진군, 강령군하고 협력 사업을 하려고 연구하더군요. 강원도는 도지사가 직접 나서고 있습니다.

경기도 같은 경우는, 우리가 북한하고 사업을 할 때 가장 어려운 부분이 결제와 품질 관리 등이므로 개성에 공판장 같은 것을 만들면 좋겠다는 생각입니다. 북한에서 물건들을 가지고 오고, 구매자도 현물을 보고 사는, 그러한 장을 지자체가 만들어 주면 어떨까 생각합니다. 아니면 황해도 해주 쪽에다 수산물 공판장을 열어 주는 것도 한 방법일 것입니다.

━ 그런 공간이 북한에 있으면 경협이 다시 열리기 전에는 사실 어렵지 않을까요?

━ 그것을 북한과 협의해야 하겠죠. 지자체가 관할 지역에 긴장을 완화시키면서 업체들이 리스크를 더 적게 부담하며 사업을 할 기반을 조성하는 게 필요합니다. 수익 여부와 상관없이 남북 모두에 도움이 되는 좋은 상품들이 거래되는 환경을 조성해야 하는 것 아닌가요? 그런 방향으로 사업을 하면 장기적으로도 충돌이 덜 생길 것입니다. 그런 식으로 민간 기업이 하기

어려운 지원도 하면서 남북 간 긴장이 완화되고 교류될 수 있는 모티브로서의 장을 만들어 주면 되는 것이죠. 지자체가 이런 것들을 확대해 나가는 게 좋겠다는 생각입니다.

결국은 지자체가 자신의 지역의 위치와 특성을 활용하여 긴장을 완화하고 사람들이 많이 찾는 그러한 사업들을 하면 좋겠습니다. 최근 북한도 지역 간 균형 발전을 강조합니다. 평양만 다른 지역에 비해 발전되었는데 앞으로는 지방도 함께 발전하도록 추진하는 것이죠. 남한과 북한의 지방 간 결연도 맺어서 같이 성장하는 것은 어떨까요. 예를 들면 서울-평양처럼 말이죠. 과거에 비해 지자체가 남북 경협에 대한 이해도도 높아지고 관심을 가지는 것은 좋은 현상이라고 생각합니다.

인터뷰를 마치고

이영성 대표는 인터뷰에서 남북 경협의 발전과 활성화에 도움이 되는 몇 가지 시사점을 주었다.

첫째, 남과 북이 교류 협력의 증진을 위해 여러 분야에서 많은 합의를 이루었지만 이 합의들 중 상당수는 현재 상황에 맞지 않는 비현실적인 것이라고 지적했다. 제도적으로나 시스템적으로 문제가 있는 부분에 대해서는 남북 경협이 재개되기 전에 정부에서 철저하게 조사하여 향후 새로운 남북 고위급 합의를 통해 보완하는 것이 시급하다는 것이다.

둘째, 정부가 남북 경협 사업자들이 공통적으로 겪었던 애로 사항에 대한 각론적인 해법을 적극적으로 만들어야 한다고 지적했다. 몇 가지 구체적으로 예를 든다면 3통(통행, 통신, 통관) 문제의 해결, 남북 상사 간 분쟁이 발생했을 때 이를 조정하는 시스템*의 구비, 대금의 결제 방식 등 금융 문제의 해결책, 경협 기금의 접근성 확대, 투자 보험 제도의 보완과 확대 등이 있다.

셋째, 정부의 5·24조치로 인한 대북 투자 기업의 피해는 단순하게 대북 투자금만으로 보아서는 안 된다는 점을 지적했다. 그 피

---

* '남북 사이의 상사 분쟁 해결 절차에 관한 합의서' 및 2003년 10월 12일에 체결된 '남북 상사 중재 위원회의 구성·운영에 관한 합의서'에 따라 분쟁 당사자 간 협의에 의해 해결되지 않는 분쟁을 중재하기 위해 '남북 상사 중재 위원회'를 두기로 합의했으나 실제적으로 거의 역할을 수행하지 못했다고 평가된다.

해를 세분화하면 다음과 같다.

① 대북 투자 자산의 피해(인터뷰이의 경우, 북의 항만, 인프라, 광산 등 투자 비용)

② 국내 투자 자산의 피해(본 사업을 위해 국내에 구축한 관리 및 지원 시설과 설비, 창고, 가공 공장 등 자산에 대한 투자 비용)

③ 매출 피해(예상되었던 매출이 5·24조치로 국내 반입이 불허됨에 따른 매출 감소와 기업 신용 등급 하락에 지급 이자 상승으로 발생한 피해)

④ 손해 배상 피해(반입이 불허되어 공급 계약에 따라 납품하지 못함으로 인해 발생한 공급지체 및 계약 불이행에 따른 벌금 부과 등 손실 배상 피해)

⑤ 미반출 투자 설비 처분 손실 피해(대북 투자 중단에 따른 미반출 투자 설비의 장기 보관 비용 및 처분 손실 피해)

남북 경협 기업의 피해는 이상과 같이 세분해서 파악하여야 정확하게 조사할 수 있다는 것이다.

넷째, 현재까지 남북 경협은 통일부에서 관리해 오고 있는데 담당 공무원들의 보직 순환으로 인해 전문성을 확보하기 어렵다는 점을 지적했다. 주무관의 이러한 비전문성을 극복하기 위해서는 통일부, 산업통상자원부, 기획재정부 등 여러 유관 부처가 참여하는 남북경협공사(가칭)와 같은 기관을 설립하는 것이 필요하며, 이 공사에서 남북 경협 사업자를 통합적으로 관리하고 지원하는 역할을 수행하면 좋겠다는 의견이다.

끝으로 이영성 대표와 서평에너지가 진행한 남북 경협 사업을 경영의 측면에서 평가하면 다음과 같다.

대북 투자(1,000만 USD 약간 상회)를 비롯한 총 투자액(200억 원 이상)을 감안할 때 기대 수익이 상당히 높을 것으로 기대되었다. 예를 들어 무연탄을 연간 300만 톤 반입 시 보수적으로 계산해도 연간 5,000만 USD 이상의 높은 매출이 가능했다. 이러한 높은 기대 수익률의 근거는 다음과 같다.

① 국제 시세보다 낮은 공급가 합의

② 효율적인 물류 인프라 구축으로 운송 비용과 공급 기한 단축

③ 사업 컨소시엄에 실수요자인 공기업의 사업 참여에 따른 매출 안전성 확보

④ 북한산 무연탄이 대체재가 없을 정도로 국내 시장에 적합한 품질이라는 우수한 시장 평가

서평에너지의 사례를 보면 충분한 사업 수익성, 물량 확보 및 물류 루트 등에 의한 안정적인 사업 구조에도 불구하고 남북 간 정치, 외교, 군사적 갈등 등 '사업 외적인 리스크'와 불확실성으로 인해 정상적인 사업이 파탄났다는 사실을 누구도 부인할 수 없다.

2장

깐마늘로 수십억을 벌었다

인센티브 임금을 주고 수매가를 높인

김용관 (유)산과들농수산 대표

인터뷰를 준비하며

김용관 대표는 1985년 군대를 제대한 직후 마늘 유통업에 뛰어든 이래 수십 년간 이 업무에 종사한 마늘 유통 전문가였다. 그는 2003년부터 중국산 깐마늘이 국내 시장에 유입되면서 이에 국내 마늘 업계가 위기감을 느끼던 2005년 무렵 남북 경협으로 이 위기를 극복할 수 있겠다는 생각을 하였다.

김용관 대표는 국내산 마늘을 북한으로 보내 수작업으로 껍질을 깐 뒤 국내로 반입하면 중국산 깐마늘과 비교하여 충분한 경쟁력을 가질 수 있다고 판단해 주식회사 산과들농수산을 설립하였다. 산과들농수산은 북한 측 파트너 정성제약과 함께 개성공단 인근에 마늘 위탁 가공 공장을 건설하였다. 2007년부터 생산에 들어갔으나 초기에는 북한에 마늘을 관리하는 노하우가 없어 큰 손실이 발생했다. 수익이 본격적으로 나기 시작한 것은 2008년부터인데 이 과정에서 주식회사 산과들농수산 내부에서 경영권을 둘러싼 내분이 발생하여 북한과 조율하지 않을 수 없었고, 2009년에는 급기야 유한회사 산과들농수산을 별도로 설립하게 된다.

산과들농수산은 2009년부터 2010년 5·24 경협 조치의 유예 기간에 이르는 약 1년간의 조업으로 상당한 수익을 창출하였으나 사업은 이내 중단되었다.

이 책에서 김용관 대표를 인터뷰한 이유는 무엇보다 마늘을 까는 단순한 위탁 가공으로 높은 수익을 창출했다는 점이다. 당시 깐마늘 시장은 기계로 까는 국내산과 수작업으로 하는 중국산으로 나뉘어져 있었다. 남한 마늘을 북의 노동자가 손으로 까서 국내로 반입한다면 가격과 품질 면에서 독보적인 경쟁력과 수익을 창출할 수 있을 것이라고 생각했고, 이는 발상의 전환이었다.

둘째로, 김용관 대표는 임금이나 원부자재 가격의 절감으로 수익 극대화에 매진하는 것을 넘어 얻어진 수익을 북한 노동자 및 남한 농민과 나누려고 했다는 점이다. 그는 인센티브 임금제를 북한에 처음 실험적으로 적용하였고, 이로 인해 소속 근로자들의 만족도와 근로 의욕을 높였을 뿐 아니라 생산성이 높아지는 효과를 보았다. 또한 남한의 마늘 경작 농민으로부터 농협보다 높은 가격으로 수매함에 따라 농가 소득 제고에 크게 기여했다.

셋째로, 김 대표는 북한 파트너인 정성제약과 소속 근로자들을 역지사지의 입장으로 대하였고 진실한 소통으로 단기간에 무리 없이 사업을 안착시켰다. 사업 초기 약 1년간은 손실이 발생했지만 북한 파트너나 근로자들에게 책임을 추궁하거나 변상을 요구하기보다는 경험 부족을 이해해 주고 이들의 숙련을 기다리자 북한은 기대 이상으로 빨리 사업을 정상화시켰다.

끝으로, 기존 남북 경협 사업자들이 대부분 고령이 되어 남북 경협이 다시 열린다 해도 사업을 재개하는 데 대해 현실적인 어려움이 있는데도 불구하고 김 대표는 아직도 남북 경협에 무한한 기회가 있다고 생각한다. 김 대표는 더 늦기 전에 기회가 온다면 다시 뛰어들고자 하는 의지도 여전히 있다. 그는 기회가 된다면 후배 경협인 양성에 참여하고 싶다는 생각도 가지고 있다.

— 북한에서 마늘 사업을 하겠다는 구상은 지금이나 당시로서도 상당히 획기적인 발상이었겠습니다.

= 1985년 군대를 제대하고 1986년 가락시장에서 처음 마늘 장사를 배웠습니다. 그 후 20여 년간 마늘 사업에만 전념했죠. 수익도 많이 올렸고, 사업의 장래성도 충분하다고 느꼈어요. 제 이익만이 아니라 마늘 생산자 전체를 위한 보호 시스템이 필요하다는 생각은 늘 하고 있었어요. 그런데 2003년부터 중국에서 깐마늘이 들어오기 시작하고, 그 여파로 국내 마늘 생산자들이 큰 어려움을 겪게 되었죠.* 답답한 마음에 중국에 한 달

---

* 한·중 마늘 교역 분쟁은 2000년 6월 한국 정부의 중국산 마늘에 대한 세이프가드 발동(추가 관세 부과)으로 시작되어 한국산 휴대용 무선전화기와 폴리에틸렌에 대한 중국의 보복 조치로 이어지고 여러 차례의 재협상 과정을 거치며 3년을 끌다가 2003년에 종료되었다. 이후 협상을 통해 분쟁은 마무리되었으며 2003년부터 중국산 마늘은 수입이 자유화되었다.

간 머물며 생산과 국내로의 수입 과정을 모두 살펴봤습니다. 그리고는 귀국하자마자 농림부를 찾아가서 마늘 사업을 국책 사업으로 살려야 한다고 호소했어요. 이대로 가다간 중국 깐마늘이 국내 시장을 무너뜨릴 것이 불 보듯 뻔했죠.

그러다 문득 북한이 떠올랐습니다. 2005년이었어요. 우리가 북한과 협업하여 깐마늘을 생산한다면 굳이 중국산 마늘이 필요 없지 않을까 생각한 것이죠. 남북 협력 사업의 성사를 위해 미친 듯이 길을 찾던 중 NGO단체인 우리민족서로돕기운동을 찾아갔습니다. 남북이 협력해서 깐마늘을 생산한다는 것은 전례가 없는 사업이었어요.

─ 어찌 보면 상당히 무모한 도전처럼 들리네요. 북한의 인건비나 제반 시설 등 전혀 파악된 것이 없던 시절 아니었나요?

═ 당시 중국 마늘에 대응해 직접 손으로 마늘을 손질해서 경쟁력 있는 가격으로 시장에 내놓을 수 있는 곳은 북한뿐이라고 판단했습니다. 국내는 모두 기계를 사용했죠. 중국하고 북한만 여전히 손으로 마늘을 깠어요. 그러다 개성공단 소식을 듣게 되었습니다. 일단 북으로 가야겠다는 생각이 들었어요. 2005년 처음 평양을 방문해서 사업 아이템에 대한 브리핑을 했습니다. 그 뒤 중국 선양, 단둥과 개성에서 계속 미팅을 가졌어요. 당시 저는 회사의 부사장이었는데 실무 전문이니까 모든 브리핑을

맡았습니다. 당시 회사의 대표는 행정 부분을 맡았고요. 돌이켜 보면 당시 저는 굉장히 의욕이 넘쳤지만, 목적지에 도달하기 위한 행정적인 업무 자질은 갖추지는 못했던 것 같습니다.

이 사업의 출발 당시에는 제 이윤을 위해 시작했다기보다는 우리 농업을 지켜야 한다는 일념뿐이었습니다. 그 목적 하나로 미친 사람 마냥 길을 찾았고, 그렇게 북한에 가게 된 것이죠. 그렇기에 개성공단에 식품이 들어가지 못한다는 이야기를 들었을 때는 날벼락을 맞은 것 같았습니다.

▬ 그럼에도 왜 포기하지 않았나요?

▬ 거의 포기할 상황이었어요. 그때 현대아산에서 자사의 컨테이너 교육장을 사용하면 어떻겠냐고 제안을 해 왔습니다. 그렇게라도 해 보려고 했는데, 구조 자체가 개성공단 안에서는 하기 어려운 사업이었어요. 개성공단처럼 노동자에게 급여(파트타임이나 성과급이 아닌 일괄적으로 책정된 급여)를 지급하는 시스템으로는 어렵다고 판단했죠. 파트타임 같은 시스템을 남북 경협 사업에도 도입해 보려 했습니다. 꼭 회사에 나오지 않고도 수익을 더 올릴 수 있는 구조, 북한 측에서도 사실 필요한 시스템이었죠. 때문에 북한 측을 지속적으로 설득했습니다. '모든 시설은 내가 만들겠다. 우리의 자금으로 사업을 진행하다가 수익성이나 타당성이 없다고 판단되면 하지 말자. 시설은 그대로 남겨

두고 가겠다. 타당성이 있다고 판단된다면 나를 사업 파트너로 삼아 계속 진행해 보자.' 이렇게 설득한 것이죠.

당시 우리 회사가 주식회사 '산과들농수산'이었고, 북한 측의 협상 파트너는 정성제약이었습니다. 우리 사업을 통해 정성제약도 회사 운영에 도움이 되었을 것입니다. 이 사업은 말 그대로 상호 윈윈 할 수 있는 것이었어요. 정성제약이 따로 개성공단에 다시 공장을 짓지 않아도 제가 공단 밖에 시설을 만들어 놓으면 되는 것이었죠. 때문에 제가 그만두더라도 이 사업은 꼭 만들어 놓고 그만둬야겠다는 생각을 하게 됐습니다. 그렇다고 해서 반드시 저만 해야 된다는 생각을 한 것은 아니었어요.

━ 그렇기 때문에 최고의 전문가임에도 불구하고 직책에 연연하지 않은 것 같습니다.

═ 제가 실무를 맡더라도, 굳이 거창한 타이틀은 필요하지 않다는 생각이었습니다. 전 월급쟁이로 월급을 받고 생활하더라도 북한과의 협력 사업은 하겠다는 입장이었죠. 북한 파트너 정성제약은 의약품 생산업체였어요. 그 회사로서는 위탁 가공 사업은 처음이었죠. 양측 모두 첫 도전이었던 셈입니다. 그래서 꽤 많은 협의를 진행했습니다. 개성 자남산여관에서 양해각서MOU를 체결하고, 북한에서 리모델링을 통해 공장으로 사용할 만한 도자기 굽는 공장을 여러 개 보여 줬습니다. 그런데 공

장들이 위험해 보였어요. 벽돌이 무너지면 대형 사고도 날 수 있을 것 같았죠. 그래서 결국 비용을 부담할 테니 제가 원하는 곳에 공장을 짓자고 제안했습니다. 그 위치가 개성공단에서 약 4킬로미터 떨어진 곳이었어요. 개성 시내에 들어가기 전에 위치한 곳이죠.

전대미문의 남북 마늘 합작 프로젝트

━ 전례가 없는 사업을 북한과 협의하여 성사시킨 비결은 무엇이었다고 생각하나요?

━ 어릴 적 중국인들의 상술에 관한 책을 읽었어요. 솔직히 공부에는 흥미가 없었고, 내가 원하는 사업으로 돈을 많이 벌겠다는 결심을 했었죠. 지금도 그때 배웠던 중국인들의 상술이 큰 도움이 됩니다. 사실 상술이라고 해서 꼭 나쁜 것만은 아니에요. 상대를 감동시키면 자연스레 이윤도 따라온다는 것이죠. 사람의 마음을 움직이는 것이 가장 중요합니다. 그러기 위해서는 먼저 상대방을 배부르게 해야 해요. 상대가 어려우면 우리도 당장 이익이 없더라도 함께 도와가며 가겠다는 마음. 이는 말로만 그치는 게 아니라 실제 행동으로도 이어져야 합니다. 전 늘 그렇게 해 왔어요. 한결같은 모습을 보여 주고자 했죠. 다른 이들이 100원 투자해서 빨리 200원을 벌어야 한다고 생각할

때, 저는 다르게 생각했습니다. 이윤 자체가 제1의 목적이 아니었으니까요. 역설적으로 그래서 사업이 잘 풀린 것 같습니다.

— 북한 측 사업 파트너인 정성제약과는 어떻게 사업을 추진했나요?

= 정성제약은 평양에 있는 제약회사예요. 저는 이 회사에게 새로 공장을 정상적으로 지어 사업을 하자고 제안했습니다. 마늘은 추위에 굉장히 민감하기 때문에 시설이 중요합니다. 초기에 우리가 부담해야 하는 비용이 많이 들더라도 완벽한 시설을 갖추고 사업을 시작하자고 했죠. 이후 잘되면 더 시설을 늘리면 되는 것이었으니까요. 대한민국에서 마늘에 관한 한 내가 최고 전문가이니 저를 믿고 한번 가 보자고 설득했습니다. 그렇게 해서 제가 개성공단 인근을 공장 부지로 추천했고, 북한 측은 개성공단 인근 지역이 군사 용지라 고심했지만 끝내 승인하게 되었습니다.

당시 우리 회사 대표와 함께 북한 차량으로 꽤 많은 곳을 살펴봤습니다. 부지 선정을 위해 개성 시내는 다 둘러봤고, 결국부지를 직접 선택했죠. 면적은 약 7천 평 정도였습니다. 그 부지는 얼마든지 늘릴 수 있었어요. 중요한 것은 전력이었습니다. 마늘을 까기 위해서는 안정적인 전력 공급이 필수였어요. 자존심이 강한 북한 인사들은 북한의 전력을 사용하자고 주장

개성 인근에 건립
공사 중인 마늘 공장

공장 시설 자재의
육로 운송 차량

했어요. 하지만 전력이 불안정하면 센서 컨트롤 박스가 다 고장이 나요. 기계가 전부 망가지게 되면 그 복구 비용이 만만치 않으니 저는 발전기를 사용하자고 주장했어요. 개성공단 주유소에서 공수한 기름을 충분히 공급하겠다며 설득을 이어갔죠. 결국 150킬로그램짜리 발전기 두 대를 구입해서 설치했습니다. 그런데 생산이 안정화되는 과정에서 약 1년 동안 큰 손실을 입었어요. 마늘이 손상된 것입니다. 그렇다고 그들에게 화를 낼 수도 없었어요. 그들이 아직 사업에 대한 이해가 부족한 것이었으니까요. 협상과 협의의 반복이었습니다. 하지만 1년 정

개성 마늘 공장에서
작업하는
북한 노동자들

도 지나자 우리가 감동할 정도로 북한 측이 마늘을 세심히 관리하기 시작했어요. 마늘에 대한 연구를 우리보다 더 했죠. 그들 스스로 깐마늘을 어느 온도에서 어떻게 보관해야 썩지 않는지 등을 연구한 것이었습니다. 감동할 수밖에 없었습니다. 너무 고마웠어요. 그들의 노력으로 1년 동안 입은 손실 금액을 단 몇 개월 만에 만회할 수 있었습니다.

__ 직접 현장에서 북한 측 인원들에게 작업 기술을 전수하는 것이 모두 가능했나요? 소통에 어려움은 없었나요?

\=\= 저 말고 북한 파트너와 소통하는 남한의 다른 직원들은 없었어요. 제가 아닌 다른 실무자가 가서 다시 지시를 하거나 기술 전수를 하면 혼란스럽게 되는 측면이 있었죠. 북한과의 사업에서 항상 조심해야 할 것은 말 한마디로 감정이 쌓여 버리면 그대로 사업이 멈출 수 있다는 것입니다. 또 상대가 질문했

을 때 적절한 답이 바로 나와야 합니다. 괜히 상대가 모르겠지 하는 마음으로 잔머리를 굴리다간 더 큰 낭패를 보게 되죠. 그리고 사업을 진행하는 동안 사상이나 이념 관련 이야기를 주고받은 적은 단 한 번도 없었습니다.

사업 문제에 있어서도 왜 마늘이 계속 상하냐고 윽박지르거나 손실을 보상하라는 식으로, 임금에서 제하겠다거나 하는 이야기들을 하지 않았습니다. 그렇게 되면 서로가 감정적으로 나갈 수밖에 없으니까요. 그들이 아직 방법을 제대로 모르는 상황이었기에 직접적인 피해는 잘 이야기하지 않았습니다. 그런데 한번은 북한 측 인사가 우리 회사 관계자에게 사업 상황을 물어봤을 때, 그 관계자가 '사실은 손실이 굉장히 크다.'고 북한 측 인사에게 답한 적이 있었어요. 그 북한 인사는 '김용관 선생은 그런 이야기 안 하던데…….' 하며 오히려 저에게 더 미안해하며 고마워하더라고요. 그래서 우리를 더욱 신뢰하게 되었죠. 간접적으로 남을 통해 상대의 어려움을 알았을 때 더 미안하고 잘해 줘야지 하는 생각이 들지 않겠어요? 내가 사사건건 트집을 잡고 감정적으로 나가면 그들 역시 나를 미워하게 되고 짜증이 나게 될 거예요. 또 우리가 늘 언론에서도 보아 왔듯이 북한과 우리의 차이를 비교하듯 이야기하면 감정이 상할 수밖에 없는 건 당연하고요.

— 언제부터 정식으로 사업이 시작되었나요?

= 2006년에 바로 착공에 들어갔습니다. 그리고 2007년 2월에 조업식을 했죠. 우리 측 인원 500여 명을 초청해서 성대한 조업식을 했습니다. 그리고 바로 생산에 들어갔죠. 착공하기 전에 합의 계약서를 맺었어요. 계약의 우리 측 주체는 주식회사 산과들농수산이었습니다. 제가 실무 총괄 부사장을 했죠. 사실 당시 저는 주식이나 지분이 뭔지 몰랐습니다. 우리 회사 대표가 주식 45퍼센트를 요구할 때 그냥 종이에 불과하다고 생각했으니까요. 저는 비록 마늘 유통에 관한 한 국내 최고의 전문가이지만 남북 경협에 필요한 대관 업무나 행정 업무에 대해서는 문외한이었습니다. 그래서 이 부분에 정통한 당시 대표를 영입했고 대표의 요구를 전적으로 수용했었습니다. 저는 우리 농민의 살길을 찾을 뿐 다른 욕심이 없었기 때문이었습니다.

사업이 정상 궤도에 오른 2008년 어느 날 갑자기 대표가 자기 주식을 팔고 이민을 가 버렸습니다. 그 후 회사는 저를 이사회에 부르지 않았어요. 결정적으로 어느 순간부터는 개성공단 출입도 제한하기 시작했죠. 개성공단 출입은 통일부에 미리 신고해야 하는데 회사에서 그것을 하지 않았어요. 제가 현장에 가서 개선할 것들이 있다고 해도 마찬가지였습니다. 그래서 무엇이 문제인지 밝히라고 회사에 계속 항의해도 이사회에 부르지도 않고 계속 적자를 입었다는 이야기만 하면서 응대해 주지 않았습니다. 결국 변호사를 찾아가니 법적으로는 문제가 없다고 답하더군요. 제가 회사 사무실에 가서 자료를 보려고 해도 보여 주지 않았어요. 그때까지 새로운 대표와 갈등도 전혀 없었습니다. 새 대표의 이름 석 자 밖에 몰랐어요. 일면식도 없었죠. 전임 대표가 신임 대표에게 주식을 양도한 것 같았습니다.

— 그 이후의 상황을 설명해 주세요.

= 제가 할 수 있는 것이 없었습니다. 하지만 마늘 사업은 정상적으로 진행되고 있었고, 그럼으로써 중국에서 국내로 들어오는 마늘을 거의 차단시킬 수 있었어요. 우리 농민들이 춤을 출만큼 국내 마늘 값이 올랐습니다. 그런데도 제가 그 역할을 한 사람이라는 주위의 평가에 만족할 수밖에 없었죠. 다만 우리 회사 직원들에게 미안할 따름이었어요. 당장 그들이 직업을 잃어버리는 꼴이 되었으니까 말입니다.

한편 현대아산 측에서 왜 개성에 안 들어 오냐고 묻길래, 상황을 이야기했습니다. 그러고 나서 북한 측 파트너로부터 중국을 통해 팩스가 사무실로 왔습니다. 단둥으로 오라는 것이었어요. 회사 상무와 함께 한달음에 단둥으로 달려갔죠. 그런데 그 자리에 주식회사 산과들농수산의 새 대표도 와 있는 것이었습니다. 깜짝 놀랐죠. 우리만 부른 줄 알았으니까요. 저는 나름대로 어떠한 이야기를 해야겠다고 마음의 정리를 차분히 하고 갔는데, 북한 측 파트너인 정성제약 측에서 모르는 사람을 포함해서 많은 사람들을 데리고 나와 있었습니다.

저는 지금까지의 상황 설명을 했습니다. 북한에 못 들어가게 된 상황을 이야기했고, 북한 측에 감정이 있거나 다른 문제인 것은 아니라고 설명을 했죠. 주식회사 산과들농수산에서 열어 주지 않으면 내 힘으로 갈 수 없는 구조라 설명했고, 제가 없더라도 주식회사 산과들농수산과의 사업은 잘 되었으면 좋겠다고도 당부했습니다. 그러니까 북한 측이 사실 여부를 되물었고, 주식회사 측에서는 고개만 끄덕거리고 있었습니다. 북한 측이 현대아산에도 이미 물어봤고 현대아산에는 제가 상세히 설명을 했으니까 북한 측도 대략 상황 파악을 했을 거예요.

잠시 후 북한 측이 "거두절미하고, 우리 조선(북한)에서는 인천의 김용관 선생하고 사업을 했지 주식회사 산과들농수산하고 사업한 것이 아닙니다. 우리는 김 선생이 하자는 대로 할 것입니다. 여기에 이의가 있나요?"라고 말하더군요. 그때 가슴이 터질 것만 같았습니다. 하지만 여기에서 신중히 대처해야 한다고 생각했어요. 그래서 저도 그렇지만 주식회사 산과들농수산도 피해자이니 양측 모두를 구제하는 방법을 북한 측에서 택했으면 좋겠다고 말했습니다. 북한 측이 그 방법이 뭐냐고 묻길래, 회사를 투 트랙으로 운영할 수 있도록 해 달라고 했어요. 주식회사 산과들농수산과 제가 50퍼센트씩 동등한 권리를 가질 수 있도록 해 달라고 했죠. 현재처럼 주식회사 측의 대구 쪽 마늘과 우리의 인천 쪽 마늘을 손질하는 작업을 똑같게 해 달라고 말이죠. 대신 우리 인천 쪽 마늘 사업을 지금까지는 주식회사가 중개해서 주식회사로 귀속해 왔는데 그것을 분리시켜 달라고 요구했습니다. 그러자 북한 측은 그렇다면 회사 이름을 기존 산과들농수산으로 계속 썼으면 좋겠다고 했어요. 북한 측 고위 관계자들이 혼란스러울 수 있다는 이유였습니다. 제가 새로운 이름을 갖고 들어오면 같은 업종에 또 하나의 업체가 들어오게 되는 것이니 동일 명칭을 쓰는 게 좋겠다는 것이었죠. 그렇게 해서 유한회사 산과들농수산이 생기게 된 것입니다. 그게 2009년이었어요.

— 보통 사람이었다면 북한 측이 그 정도까지 말하는데 그냥 나 혼자 다 맡아 하겠다고 했을 것 같아요.

= 우리 둘 다 피해자이고 가해자는 전임 대표인데 피해자들끼리 싸워서 한 쪽이 사업을 가져가면 남은 이는 어떻게 하나요. 제 이야기에 북한 측 인사들도 상당히 합리적인 대안을 제시했다고 느낀 것 같았습니다. 그러면서 김용관 선생의 제안에 문제가 없는가 하고 주식회사 측에 묻더라고요. 그들은 계속 고개만 숙이고 있다가 결국 동의했습니다. 북한 측이 바로 새로운 계약서를 그 자리에서 작성해서 전달했습니다. 기존 계약

서는 무효가 된 것이죠. 즉, 주식회사와 유한회사로 두 개의 계약이 만들어진 것이었어요. 주식회사에서 북한 측에 준 선불금 80만 달러 중 우리 쪽에 40만 달러로 나눠서 계약서 2장을 다시 작성했습니다.

이렇게 원만히 해결하고 돌아와 통일부에 다시 사업자 신청을 했습니다. 그런데 통일부는 후발대가 선발대에 피해를 줘서는 안 되기 때문에 같은 업종에 다시 허가를 내줄 수 없다며 저에게 주식회사와 합의를 하라고 설득을 해 왔어요. 주식회사와의 합의서만 가지고 오면 바로 승인해 주겠다고 했죠. 할 수 없이 주식회사에 찾아갔더니 내가 가지고 있는 주식 25퍼센트에 대한 포기 각서를 쓰라고 하더군요.

비록 제가 가지고 있는 지분이 25퍼센트였지만 사업 초기 자금을 다 투입한 사람이 바로 저 아닌가요. 그동안 공장을 짓고 평양에 가고 그 모든 비용을 다 부담했는데, 기가 막혔습니다.

그럼에도 불구하고 통일부의 승인을 받기 위해 포기 각서를 써 줬습니다. 그 이후 합의서에 도장을 찍어 달라고 하니, 다시 합의금을 요구했고 결국 고민 끝에 합의금을 현금으로 전달하고 나서야 합의서에 도장을 받을 수 있었습니다. 그리고 바로 통일부로부터 승인을 받았어요.

이런 상황들을 북한 측에서도 다 알고 있었습니다. 그들은 "우리는 김용관 선생이 필요하지 주식회사 사람들이 필요치 않

다는 것을 이미 다 판단했습니다. 하지만 지금 우리(북한 측 파트
너)가 주식회사와의 관계를 정리해 버린다고 해서 김용관 선생
이 얻을 것은 하나도 없을 것입니다. 단, 최대한 빠른 시간 내에
김 선생의 피해가 회복되게 해 주겠습니다."라고 말했습니다.

작은 신뢰가 쌓이면 더 큰 신뢰로 돌아온다

— 정성제약과의 소통 창구는 무엇이었나요? 물류 루트도 궁
금합니다. 물류가 북에서 남한으로 내려오는 데 소요되는 시
간이 어느 정도였는지 알고 싶습니다. 북한에서 마늘을 가공해
내려올 때 냉장 컨테이너가 개성을 통해 육로로 오는 방식이었
나요?

= 소통은 팩스도 되고, 또 현대아산을 통해 주로 많이 전달했
습니다. 물류 루트를 보자면, 당연히 육로를 사용했는데, 40피

개성 공장에서
깐마늘을
출하하는 모습

트짜리 컨테이너를 주식회사 산과들농수산의 대구와 유한회사 산과들농수산의 인천에서 각각 하나씩 두 개를 사용했습니다.

개성에서 마늘을 까는데 톤당 약 240달러를 주고 계약했습니다. 그런데 북한 노동자들이 인천 물량만 작업하려 한다는 이야기가 들렸습니다. 주식회사 즉, 대구에서 들어간 마늘은 우리 인천 쪽 마늘과는 달랐어요. 대구 종자는 손으로 까기가 조금 힘든 마늘이죠. 반면 우리 쪽 제주도 마늘은 손으로 까기가 편했어요. 저는 이윤이 우선 목표가 아니었기 때문에 가공하는 사람들이 작업하기 쉬운 마늘만 보내 주었습니다. 또 그동안 판로가 없었던 '손으로 까야만 하는 마늘'에 대해 누구보다도 잘 알고 있었죠. 사업자는 근로자들이 무엇을 어려워하는지 늘 살피고 모니터링해야 하니까요. 결국 북한 측에서 대구에서 오는 마늘의 양을 줄이고, 대신 우리 쪽 마늘의 양을 더 늘려 달라고 요구했고, 그 덕분에 주식을 포기하면서 발생한 손해를 금방 복원할 수 있었습니다. 어떻게 보면 북한 측 파트너들이 한 이야기가 그대로 현실이 된 셈이죠.

— 개성에서 한국산 마늘을 작업해 다시 국내로 들여왔는데요. 우리 시장에서의 반응은 어떠했나요?

= 국내 소비자들은 처음에 북한산 마늘로 알았어요. 또 중국산을 개성에서 작업해서 들여온 거 아니냐고 생각하기도 했지

요. 때문에 초기에는 반응이 그다지 좋지 않았습니다. 우리가 영세 업체이다 보니 홍보를 화려하게 한 것도 아니었고요. 늘 소비자들에게 제대로 알려 주지 못했다는 아쉬움이 남았어요.

__ 그런 상황에서 판로 개척이 무척 어려웠을 텐데요.

= 다행인 것은 제가 마늘 시장 전문가라는 사실이었습니다. 일단 수익이 적더라도 최대한 많은 양의 마늘을 작업하여 공급하자고 했습니다. 그래야 북한 근로자들도 수익이 생겨 만족하고, 우리 농민들에게도 우리가 최대한 고가에 많이 구입해 줘야 좋지 않겠어요? 때문에 우리 회사 직원들의 월급만 줄 수 있는 정도면 제가 충분히 지속할 수 있다는 생각으로 물량을 계속 늘렸습니다. 최대 하루에 30톤까지 작업을 했어요. 굉장히 많은 물량이었죠.* 까지 않은 마늘 30톤을 하루에 모두 작업해서 공급한 것이니까요.

__ 그럼 사업을 시작한 후에 어느 시기부터 수익이 나기 시작한 것인가요?

= 수익이 난 시기는 주식회사와 분리된 이후 잠깐이었다고

---

* KREI 농업관측센터에 따르면 2020년 기준 한국인 1인당 마늘 소비량은 연 7.2kg으로 추산했다. 이를 2020년 기준 한국 인구 5,184만 명으로 계산해 보면 연간 총 약 37만3천 톤 가량이며, 1일 소비량은 약 1,022톤이라고 추정할 수 있다. 1일 30톤을 생산해 왔다면 대한민국 마늘 시장의 2.9퍼센트 정도를 점유했다고 추정할 수 있다.

보면 됩니다. 5·24조치가 2010년에 있었으니까요. 2009년 11월에 회사가 분리되어 2010년 11월까지가 딱 1년인데, 5·24조치 이후 2010년 11월까지 조금 유예 기간을 줘서 그때까지 사업을 했습니다. 재고 물량이 어마어마하게 많이 있었는데, 그것은 11월까지 작업하고, 또 다음 해 5월에 햇마늘을 확보해 둔 것까지 재고로 확보해 둔 것이 시가 수십억 원 정도의 물량이었습니다. 전부 폐기 처분할 수밖에 없었어요. 수십억 원을 모두 버린 것이죠. 한편 5·24조치 이전 1년 동안 얻은 수익이 수십억 원 정도였습니다. 그 이전에는 계속 적자를 입었습니다.

— 그 이전 적자의 원인은 마늘의 부패 문제 때문이었나요?
= 그렇습니다. 그 어려운 시간 동안 부패 문제를 해결하고, 상품이 정상적으로 북한에서 남으로 내려오자 시장에서도 우리 마늘이 차츰 알려졌습니다. 그러면서 주식회사와의 갈등이 생겨 참 안타까웠어요.

그 과정에서 많은 것을 느꼈습니다. 그 이전까지 지속된 손실을 제가 복귀해서 모두 회복시키는 과정이었는데……. 저로서는 큰 경험을 한 셈이죠. 앞으로는 회사의 운영도 중요하지만 경협 사업에 있어 저 같은 피해자가 없도록 노력해야겠다는 생각이 들었습니다. 이제 나이도 있고, 돈 버는 것은 크게 욕심이 없어요.

— 현재 두 회사는 존재하고 있나요?

= 그렇습니다. 주식회사도 저처럼 노력은 하고 있을 것입니다. 유한회사도 사업자로서 살아 있습니다. 저는 국내에서 마늘 사업을 재개할 수도 있지만, 하지 않고 있어요. 그렇게 하면 북한과의 신뢰에 금이 가기 때문입니다. 북한하고의 사업이 재개되지 않는다면 이 사업을 접는 한이 있더라도 다른 곳에서는 하지 않을 생각입니다.

북한과의 마늘 사업은 우리의 국익도 되고, 우리 농민을 살리는 길이기 때문에 추진한 것입니다. 생계를 위해 다른 것을 하더라도 마늘과 관련된 사업은 내려놓은 상태입니다. 대신 북한에 대한 관심은 늘 가지고 있어요. 북한과의 끈을 놓지 않겠다는 의지를 계속 갖고 있고, 수익이 나지 않더라도 개성공단에 들어가 소규모라도 사업을 하겠다는 뜻을 가지고 있습니다. 이런 내 의지를 북한 측이 알고 있건 모르고 있건 상관은 없습니다. 그동안 누가 알아 달라고 사업한 것이 아니니까요.

지금은 없어진 H회사에서 일했던 분들 중 북한과의 사업과 관련해 전문가들이 참 많습니다. 그분들이 갈 곳이 없어요. L회사로 일부 갔지만, 제대로 된 대접을 받지 못하고 있습니다. 그분들이 가지고 있는 아이템이 저보다 더 많고 사업 규모도 큽니다. 만약 그분들과 우리 산과들농수산이 힘을 모아서 또 다른 어떤 사업성 있는 아이템을 가지고 북한과 사업을 한다면 더 크게 키울 수 있을 것입니다. 그렇게 된다면 훗날 대기업도 될 수 있는 것 아닌가요.

그동안 김용관이라는 사람이 북한 측과 조금이라도 신뢰를 얻은 건 사실이니까 제가 '나와 같은 선에서 일한다.'고 소개한다면 북한 파트너들은 일단 신뢰할 것이라 생각합니다. 그렇게 해서 남북 경협을 다시 키워 나간다면 얼마나 좋을까요.

마늘은 지금도 어렵습니다. 농민들이 밭을 갈아엎는 상황으로 내몰리고 있어요. 특히 제주 농민들은 저보다 더 마음이 아플 거예요. 1킬로그램에 3천 원, 3천5백 원까지 갔던 것이 지금은 돈을 떠나 아예 판로가 없어져 버렸습니다. 제주산 마늘을 구매하면서 제주 측으로부터 제가 받은 이익은 하나도 없습니다. 오히려 제가 도움을 많이 줬다고 생각합니다. 도움을 받고 싶은 것은 없어요. 바람이 있다면 농협중앙회 차원에서도 이런 좋은 사업을 하면 좋겠다는 생각입니다. 과거 경험을 보면 제가 농민들한테 고가로 마늘을 수매하면 오히려 농협은 제가 비싸게 사들인다고 저한테 항의를 했어요. 예를 들어 농협은 1킬로그램당 2천 원에 수매해야 되는데, 유한회사 산과들농수산은 그 이상을 주고 수매를 했죠.

마늘 1킬로그램을 가공하는 데 국내에서는 700~800원 정도 비용이 들어갑니다. 그런데 북한에서는 300~400원이면 가능해요. 반값이죠. 그게 다 이윤으로 들어옵니다. 또한 품질이 매우 우수하죠. 우리가 국내에서 마늘을 기계로 까면 유통 기간이 일주일을 넘기지 못합니다. 특히 여름에는 더 빨리 부패하기 시작하죠. 기계가 바람으로 마늘에 충격을 주기 때문입니다. 하지만 북한에서 손으로 깐 것은 3개월도 버티죠.

__ 북한에서 가공만 한 것이기 때문에 원산지 증명은 필요 없었을 것 같습니다. 혹시 가공에 대한 사업권 같은 것이 있나요?
= 1차 가공만 한 것이기에 따로 필요 없습니다. 100퍼센트 국내산이죠. 그리고 가공에 대한 사업권은 따로 없었습니다.

__ 사업을 위해 투자한 규모는 모두 얼마나 되나요?
= 그렇게 큰 투자가 아니었습니다. 사업장 건축 외에 커다란 고무통 수백 개 정도이죠. 그리고 근로자 2,500명이 사용하는 소쿠리 수천 개 정도였어요. 발전기도 국내산으로 3대가 들어갔습니다. 한편 사람들이 물류비가 비쌀 거라 생각하기도 하는데, 그렇지 않아요. 개성은 1시간이면 갈 수 있는 거리입니다. 오히려 국내에서보다 5분의 1정도로 아낄 수 있었습니다. 1킬로그램당 국내 가공비에 비해 50퍼센트 정도 저렴한 수준이었어요. 국내 유통업자들이 마늘 가공을 하려면 지방에 있는 기계 공장으로 가야 하는데, 그 비용이 훨씬 더 많이 들어갑니다.

— 개성이라는 지리적 위치가 사업에 매우 유리했을 것 같습니다.

= 오늘 아침에 까지 않은 마늘이 개성에 올라가면 내일 오후에 깐마늘로 변신해서 인천으로 왔죠. 반면 국내에서는 일주일이 걸려요. 회전율이 이렇게 빠르기 때문에 품질이 뛰어날 수밖에 없었죠. 중국산 마늘도 국내 유통까지 시간이 걸리는데, 북한에서 우리 쪽으로 오는 것은 일단 한 번 통관 검사가 진행되면 그 다음부터는 무척 빨리 진행되었습니다. 물론 처음에는 그러한 시스템을 만드는 과정은 어려웠지만, 그 이후부터는 거의 자동이니 매우 빠르고 편리했습니다.

— 결국 행정적인 절차가 사업의 어려운 부분이었다는 생각이 듭니다.

= 맞아요. 가장 힘들었던 부분입니다. 식약청도 그랬고요. 국내법이 그렇습니다. 산과들농수산이 주식회사와 유한회사로 분리되었잖아요. 하지만 같은 공장에서 나오는 제품이라는 것은 변함이 없었죠. 그런데 우리에게 또다시 검사를 받으라는 것이었어요. 우리 쪽 마늘이 다시 검역소에 들어갔는데, 통과를 시켜 주지 않는 것이었어요. 제가 계속 항의를 하던 중 어느 날 중국 인민일보 기자가 찾아왔습니다. 기자에게 그 문제를 말했더니 바로 인민일보 1면에 기사가 나왔죠. 그러자 식약

청에서 전화가 왔어요. 그런 일이 있으면 우리한테 직접 이야기를 하지, 그걸 왜 또 중국 언론에까지 냈냐고 말이죠. 그 이후 식약청에서 예전과 같이 절차를 바꿔 주었습니다. 이게 우리나라 행정의 민낯이에요. 언론에서 이슈가 되거나, 관련 종사자가 죽어 나가야 시정이 되는 시스템입니다.

__ 사업 과정에 있어서 대금 결제 방식에 대해 설명해 주세요.
= 달러로 지불했습니다. 한국은행에 신고하고 신고 금액만큼 달러로 찾아서, 도라산 CIQ*에서 세관에 확인서를 제출하고, 금액을 다시 정확히 확인한 다음 들고 들어갔습니다. 명목은 가공비이고, 인건비는 사업의 파트너인 정성제약이 우리가 지급한 가공비에서 나눠 주는 시스템이었어요. 때문에 불편함이 적지 않았습니다. 수십만 달러를 직접 현금으로 가지고 가야 하는 것이었으니까요.

__ 향후 남북 경협이 재개된다면 어떤 대금 지급 시스템이 적절하다고 생각하나요?
= 북한 측에 지불해야 하는 금액이 정해지면 북한 측에서 청구서를 가지고 오고, 그 청구서를 우리 국내 은행, 예를 들어 한

---

* Customs, Immigration, Quarantine : 공항이나 항만, 검문소 등을 이용하여 출입국 또는 출입경을 할 때 거치는 3대 수속 과정이다.

국은행 등에 제시하고 북한 측 계좌로 입금하는 방식이 가장 편리할 것입니다.

― 2009년 당시 북한에 제공한 가공비는 매월 얼마였나요?

≡ 톤당 240달러로 계약을 했고, 1일 생산량은 약 최대 40톤이었습니다. 1일 30톤 생산을 기준으로 하고 매월 20일 작업한다고 가정하면 월 가공비는 14만 4천 달러 정도였습니다.

― 앞서 사업이 중단될 시기까지 약 수십억 원의 손해를 입었는데, 그때까지 얻은 수익이 수십억 원 정도라고 했습니다. 전체 손해는 어느 정도였나요?

≡ 무엇보다 아쉬운 점은 제가 북한에서 마늘 가공 사업을 했기 때문에, 국내에서 마늘 가공 사업을 한 사람들과 마찰이 있었던 일입니다. 국내 가공업자들은 같은 업종 사람들임에도 불구하고 제가 재고를 팔 수 없도록 방어벽을 쳤어요. 저와 제 가족을 해치겠다는 협박도 있었죠. 그 부분은 늘 가족들에게 미안합니다.

그래서 정부에 호소했습니다. 최종 중단되기 전까지 재고라도 작업할 수 있게 해 달라고요. 통일부는 그렇게 하면 다른 이들이 제게만 특혜를 주는 것으로 생각하기 때문에 안 된다는 입장이었습니다. 이해할 수 없는 처사였어요. 그렇다면 정부가 재고를 수매해 주든가 해야는 것 아닌가요? 결국 나중에 중단 조치가 풀리면 다시 시작하면 될 거란 생각으로 재고를 폐기 처분했습니다. 70~80억 원을 그냥 버린 셈이죠.

저는 다시 한번 경협이 열리면 그때는 제주도 마늘 농민들만 살릴 게 아니라 전국에 있는 모든 농민들을 위해 사업을 진행해야겠다고 생각하고 있습니다. 이것은 대기업이나 농협을 비롯한 정부 기관 그리고 지자체도 나서야 할 일입니다. 만약 지자체 차원에서 이 사업을 진행한다면 정부도 함부로 막을 수 없을 게 아니겠어요? 그 주체가 어디든 저는 도울 의향이 있습니다. 우리 회사를 인수 합병해도 좋아요. 이 사업을 처음 시작할 때도 그랬지만, 수익도 중요하지만 우리 농업을 누군가는 단 한 가지라도 살려 나가야 합니다. 마늘은 빙산의 일각입니다. 다양한 사업을 구상할 수 있죠.

— 2007~2008년은 계속 적자를 입었다고 하셨는데요. 그 규모가 얼마나 되나요?

＝ 처음에는 물량이 많지 않았으나 꽤 많은 적자를 보았습니다. 2007년에는 3~4억 원 정도의 유통을 하고도 같은 금액의 손해를 보아 직원들 월급은 사비로 충당할 수밖에 없었어요. 하지만 희망이 있었습니다. 북한 측 인사들이 변화하려는 노력이 보였기 때문이죠. 2008년은 적자 규모가 줄고 바로 흑자로

전환되었습니다. 굉장히 많은 수익을 올렸죠. 물론 주식회사가 수익을 얻은 것이지만 말이에요. 당시 저는 연봉 1억 원만 받았습니다. 이 사업이 정상적으로 돌아간다면 연 수십억 원은 벌 수 있다는 자신감이 생겼죠. 2009년에 제가 수십억 원 수익을 올리지 않았나요. 이게 절반이니 두 회사 수익을 합하면 100억 원이 넘은 것이에요. 당시에는 이렇게 많이 번 돈을 어디에 써야 할지 고민할 정도였습니다. 그때 제주에 실버타운을 지어야 겠다는 생각도 하게 되었어요. 제주 마늘로 돈을 벌었으니 제주에 돌려줘야 한다는 생각을 한 것입니다. 때문에 5·24조치로 수십억 원 물량의 마늘을 폐기하면서도 그렇게 억울하진 않았습니다. 남북 경협만 다시 열리면 우리도 100퍼센트 다시 재개될 것이라 믿었죠. 단절이 이렇게 길게 갈 것이라고도 생각하지 않았어요.

__ 그렇다면 5·24조치로 입은 피해는 어느 정도입니까?
☰ 재고 마늘을 폐기 처분하지 않았더라면 크게 어렵지는 않았을 것입니다. 또 하나 정말 아쉬운 것은 통일부가 5·24조치의 장기화에 미리 대비하라고 알려 줬으면 그나마 덜 힘들었을 것이라는 점입니다. 직원들을 바로 다른 현장으로 보내는 등의 조치를 취했을 거예요. 이에 대한 정부의 책임 있는 후속 조치가 전혀 없었어요. 당시 직원들이 20명 가까이 되었는데, 그들

을 바로 다른 현장으로 보내거나 구조조정 했었다면 그나마 나았을 것입니다.

다시 강조하지만 경영 실패가 아닌 정부의 강제 조치로 중단된 경협 기업의 피해는 초기 투자 원금이라도 보장해 주는 조치가 필요합니다. 저는 주위 사람들에게 대북 사업을 적극 권유했어요. 특히 젊은이들에게 당장 투자하지 못하더라도 최소한 관심은 가지라고 했죠. 직접 사업을 하지 않더라도 관련 기업에 취직해서라도 공부하라고 했어요. 미래의 가치가 충분히 있다고 보았기 때문입니다. 저는 우리 같은 사람들이 가서 남북이 공동 발전할 수 있도록 만드는 선도자 역할을 해야 한다고 생각합니다.

치밀한 사전 준비와 자신감이 성공의 열쇠

— 돌이켜 볼 때, 사업이 성공한 원인은 무엇일까요?

= 진정성, 자신감 그리고 욕심 내려놓기입니다. 자신감 없는 사업으로 무리하면 과부하가 걸리기 쉽죠. 저는 중국에 가서 모니터링도 하고 사전에 많은 준비를 했습니다. 굉장히 집요하게 준비했어요. 수익을 거두지 못해도, 이 정도는 제가 이 사업에 투자하고 그것을 경험으로 생각하겠다는 각오가 있었습니다. 이 정도 금액은 여기에 투자해도 후회 없다는 자신감이 있

었죠. 적어도 마늘 사업만큼은 제가 누구보다도 밑바닥부터 해왔으니까 말입니다. 이 사업을 진행할 때 정부 지원은 받은 것은 없습니다. 통일부도 처음에 반대했어요. 통일부 입장에서는 아마도 거액이 투자되는 것도 아니고, 엄청난 장비가 들어가는 것도 아니니 가볍게 봤을 수도 있지요. 그 이후 우리 사업의 발전을 보고 통일부도 많이 느꼈을 것입니다.

__ 북한 근로자들은 사장님의 경영 시스템에 잘 적응했나요?

= 나중에 북한 노동자들이 작업하는 것을 보니 그들이 직접 만든 칼로 테이프를 감아 자기 손에 맞도록 만들어서 작업을 하고 있었습니다. 어떻게 보면 개성공단의 인력 관리 시스템은 이러한 능동적인 고급 인력을 천편일률적이고 수동적으로 만든 측면이 있습니다.

우리 공장은 모두 자기가 한 만큼 수익을 얻는 것에 익숙해지는 시스템이었어요. 전문가로 만든 셈이죠. 자신의 작업 성과만큼 수익을 얻도록 하고 인센티브를 줘야 합니다. 아마 개성공단이 우리 사업장처럼 능동적이고도 적극적으로 조업했다면, 북한도 꽤 많이 변화했을 것입니다.

__ 남북 경협만의 매력이 있다면 무엇이라고 보나요? 만약 경협이 재개된다면 다시 사업을 추진할 의사가 있으신가요?

≡ 매력은 무슨요. 정신 나간 사람들이 하는 거지(웃음). 제가 요즘 느끼는 바는 민간이 중심이 되어 경협인들의 어려움을 들어주고, 또 아이디어가 나오면 공신력 있게 그들의 목소리를 대변하여 통일부를 설득할 수 있는 기구가 있으면 좋겠다는 것입니다. 남북 경협이 중단된 후 경협 기업들을 위한 남북경협비상대책위원회도 있었지만 경협 기업을 위한 상시적인 지원 기구가 필요하다는 생각입니다.

남북 간 협의 기관은 하나로 통일하되, 대신 사업은 각자 할 수 있는 시스템이어야 합니다. 현재 통일부의 시스템만으로는 기업을 돕기에 어려움이 있어 보입니다. 저처럼 민간 기업에서 좋은 아이디어를 제안하면 그것을 북한과 상의하고 또 대북 사업을 희망하는 기업은 어디서 어떤 도움을 받으라고 가이드를 주는 것이죠. 또한 국익에도 도움이 되는 사업을 한다면 이를 홍보해 주는 것이 정부 기관의 역할이 아닌가요? 좋은 사업을 홍보도 해 주고 품질 향상과 차별화에 도움을 주는 기관이 생겼으면 좋겠습니다. 그렇게 하면 앞으로는 저와 같은 피해자는 더 나오지 않을 것이라고 생각합니다.

돌아보면 당시 무슨 신들린 사람처럼 사업을 추진했는데, 이것도 어떻게 보면 제 운명인지도 모르겠습니다. 지금 저 같은 발상을 하는 사람들이 또 있을까 싶네요. 어떤 정당한 협회나 기구가 생길 경우 남북 경협에 관심 있는 사람들과 저처럼 실제 사업을 해 본 이들이 함께 대화해야 해요. 그러면 저는 그들이 사업을 시작하기 전에 우리 회사 견학을 시켜주든가, 실습의 기회를 주는 등 도움을 줄 수 있을 거예요. 저는 북한을 돈 벌러 가는 곳으로 생각하면 안 된다고 생각합니다. 통일을 앞당길 수 있는 역할을 한다고 생각해야지요. 실제 만약 개성이 다시 열리면, 제가 사업을 한다면, 우리 공장의 작업 방식이 맞다는 것을 알 수 있을 것입니다. 사람들이 직접 그 효과를 체험한다면 경협이 활성화될 수 있을 것이라 생각합니다.

— 남북 경협이 재개되면 더 진출하고 싶은 분야가 있나요?

= 저는 제가 할 수 있는 영역 외에는 욕심내지 않습니다. 단순히 돈만 생각하고 사업을 하지 않아요. 물론 아이디어는 정말 많이 갖고 있습니다. 그것을 저처럼 패기를 가진 사람들에게 전하고 싶어요.

— 남북 경협에서 가장 큰 리스크는 무엇이라고 생각하나요?

= 결국 정부 이야기를 하지 않을 수 없습니다. 우리 정부가 스스로 개성공단을 닫고 경협을 막을 것이라고는 생각하지 못했습니다. 북한이 경제 협력에 더 적극적이었어요. 오히려 우리 정부가 비협조적이어서 우리 기업들이 손실을 본 것 아닌가 생각합니다. 다시 경협 기업들이 들어가게 된다면 보험을 안 들

더라도 실제 피해 보상은 정부가 책임지겠다는 약속이 필요합니다. 투자 비용 같은 것도 어차피 다 신고하기 때문에 거짓말을 할 수 없습니다. 원가가 있고 설비나 모든 것들을 정부가 확인하고 반출시키면 되죠. 그런 원금 보장만 된다면 아마 많은 이들이 투자를 결심할 수 있을 것입니다.

그것이 중요한 이유는 이미 경협을 했던 우리들은 몰라도 새롭게 경협에 나서는 이들은 북한 측을 100퍼센트 신뢰할 수 없을 것 아니겠어요. 그렇다면 우리 정부라도 보장을 해 줘야 하는 것이죠. 그런 시스템이 필요합니다.

— 북한 측 사업 파트너와 소통할 때 필요한 게 무엇일까요?
═ 배려라고 생각합니다. 상대 눈높이보다 조금 더 낮은 자세로 대하면 상대가 모를 수 없습니다. 그들의 이야기를 들어주고 그들의 요구에 귀를 기울이는 것이죠 북한에 어떤 새로운 사업을 제안할 때에도 서로 윈윈 할 수 있는 방향을 찾아 제시해야 합니다.

사업 초기에 저 자신이 부끄러웠던 적이 있습니다. 북한 노동자들의 작업 바지에 있는 주머니를 다 꿰매려고 한 적이 있었어요. 한 사람이 마늘 하나만 몰래 가져가도 인원이 2,400명이니 마늘 2,400통을 가져갈 테니까요. 2,400통을 저울로 달아보니 1톤 트럭으로 한 차 분량이나 되더군요. 그런데 마늘을 처음 생산할 때 까지 않은 마늘 10톤을 줬는데 국내에서 가공 생산한 것보다 북에서 생산한 수거율이 많게는 10퍼센트 정도 높게 나오는 거예요. 북한 노동자들이 마늘을 가져간 것이 아니라 쓰레기장으로 갈 아주 작은 마늘 한 톨도 찾아서 챙겨서 준 것이었죠. 제가 그들에게 '선생님, 그거 뭐하러 하십니까?' 그랬더니 '남조선에서 정성 들여 농사지은 것이 여기서 버려지면 다 퇴비장으로 갑니다.'라고 하는 것이었어요. 정말 저 자신이 너무 부끄러웠습니다. 그 이후 북한에서 무언가를 요구하면 최대한 들어주려 했어요. 사비라도 털어서 들어줬죠.

북한 노동자에게 제공한 자전거도 그런 마음이었습니다. 북한 노동자들의 교통수단을 산과들농수산이 도와주면 안 되겠냐고 오히려 제가 북한 측에 부탁을 했어요. 겨울 방한복도 그랬습니다. 일을 할 때도 조별로 할당량만 주고 퇴근 시간을 정하지 않았어요. 자율성을 부여하니 오히려 성과를 더 많이 내었죠. 손이 빠른 팀은 일찍 마치고 오후 4시에도 집에 가고, 어떤 팀들은 자존심이 상해서 3시까지 까고 남은 분량을 집에 가져가서 까 오기도 했습니다.

차세대 경협인들을 위한 통합적 지원 시스템 절실해

＿ 그동안 경협을 하면서 우리 정부를 비롯한 공공 기관들에

꼭 요청하고 싶은 것이 있다면 무엇인지요. 또한 시스템적으로 보완이 필요한 것은 무엇인지 말씀해 주세요.

═ 이제 정부에 어떤 지원도 바라지 않습니다. 무언가 바라게 되면 또 행정적으로 골치 아프게 될 것이기 때문입니다. 다만 사업은 자기 자금으로 하되 불편한 사항들을 개선시켜 줬으면 좋겠어요. 식약청 문제 등에 효과적으로 대응할 수 있도록 제도적으로 기업에게 도움을 줄 수 있는 기구가 하나 있었으면 좋겠습니다. 우리 기업인들은 약자예요. 변호사가 민형사 사건에서 의뢰인을 대리하듯 비용을 지불하더라도 자문을 구할 수 있는 기구가 필요하죠. 그런 부문이 제일 아쉽습니다. 경협인들을 위한 안전장치가 절실히 필요합니다.

─ 지자체가 경협 기업인들에게 지원을 해 주는 방식은 어떻게 생각하나요?

═ 참 좋은 이야기입니다. 저는 그게 제일 절실했어요. 경기도든 어디든 경협 기업에 힘을 실어 줬으면 좋겠어요. 어떤 지원을 바라지는 않습니다. 오히려 우리처럼 경험이 있는 이들을 활용해 새로운 사업을 개발하고 추진하면 되는 것이죠. 지자체가 경협 전문가와 새로운 젊은 기업인들의 멘토링을 연결해 주는 사업도 필요합니다. 저는 사업 전에 정말 많은 단체들을 찾아다니며 준비했는데, 그런 시간과 노력을 아껴 줄 수 있을 것

이라 생각합니다. 전문성도 있고 의지도 있는 사람들이 자유롭게 대북 사업을 할 수 있도록 기반을 조성해 주는 것이 필요합니다. 대북 업무, 국내 행정 업무를 대행하고 지원하는 역량 있는 기관도 필요하고요. 이는 미래의 경협인들을 위한 당연한 준비이자 투자가 될 것입니다.

___ 앞으로 남북 경협의 재개를 대비하여 지금 준비해야 할 것은 무엇인가요?

= 어떠한 남북 경협 지원 기구 차원에서 대북 사업에 관심이 있는 사람을 모으는 것도 필요합니다. 이들에게 행정이나 대북 협의 등 여러 가지 절차도 도와주고, 경험자들의 조언도 전해 줄 수 있는 통합 시스템을 만들어야 합니다. 인건비, 임대료 등으로 인해 국내에서 사업이 어려운 사람들이 대북 사업을 할 수 있도록 도와주는 정부 기구가 있어야 하죠. 그 이후 투자를 결심한 이들이 어느 정도 준비되면 북한 측과 사업해 본 경험이 있는 우리 같은 기업인들과 토론 방식으로 경험을 전수할 수도 있겠죠. 더 관심이 있다면 저희 공장 견학도 할 수 있고 직원으로 훈련시켜 줄 수도 있습니다. 견실한 기업인지에 대한 1차 검증도 필요하죠.

저는 개성공단에 입주해 있는 124개 기업들이 가지고 있는 기존의 사고를 바꿀 수 있는 기업이 새롭게 들어가야 한다고 생각합니다. 기존 경협 기업들이 긴장할 수 있는 신세대 기업들이 들어가야 한다는 거죠. 그래야 북한에도 좋고 우리 측에도 좋을 것입니다.

— 접경 지역에서 기온이나 토양이 북한과 유사한 곳들을 선정해 작물을 재배해서 북한에 공급하는 사업은 어떻게 보시나요? 북한 역시 먹거리에 많은 관심을 가지고 있지 않나요?

＝ 그건 도 단위의 지자체 차원에서 하면 됩니다. 유통이나 물류 등은 우리 민간 기업이 맡으면 되고요. 행정적으로 시스템만 풀어 주면 할 수 있어요. 북에 가서 2차 가공하여 다시 가지고 와도 되죠. 토지 임대 등은 지자체와 북이 직접 합의하고, 생산과 관리 및 유통을 민간 전문가에게 맡기는 것입니다. 과일도 좋고, 양파와 같은 작물도 좋습니다. 아예 북에서 양파를 1차 가공해 남쪽으로 들여오면 미국산 양파를 수입하지 않아도되죠.

— 마지막으로 꼭 하고 싶은 말씀이 있다면 전해 주세요.

＝ 남북의 경협이 더 늦기 전에 꼭 열렸으면 합니다. 이제는 제가 직접 가서 지휘하는 것보다 우리 후배들한테 넘겨줘야 합니다. 그동안 제가 일구어 놓은 것들이 너무 아깝지만, 꼭 마늘이 아니더라도 우리가 가지고 있는 부지에서 다른 사업을 할 수도

있을 것입니다. 북한의 기존 인력을 활용해서 말이죠. 그게 전수될 때까지는 제가 따라가서 돕고 싶습니다. 북한 파트너들과 새로운 남한 사람이 다시 신뢰를 쌓기까지는 또 많은 시간이 필요할 것이기 때문입니다. 남북 경협이 더 늦기 전에 빨리 열려야 해요. 정부가 이제는 말로만 할 게 아니라 행동으로 보여줘야 합니다.

한편 기업인들은 너무 자기 욕심만 생각하지 않기를 바랍니다. 욕심을 버리면 수익은 자동으로 따라오죠. 북한을 돈으로만 보지 말라는 말입니다. 어떤 사람은 북을 물도 없이 고기만 있는 황금어장이라고 말합니다. 그런 사람은 경협을 할 자격이 없어요. 물론 기업인이 이윤 창출에 욕심이 있어야 되겠지만, 북한을 그렇게만 본다면 길게 못 갈 거예요. 어떤 얄팍한 생각이나 순간의 판단은 우리가 빠를 수 있지만, 가슴으로 진실하게 대하는 것은 북한 사람을 따라갈 수 없다고 느꼈습니다. 제 경험에서 나온 생각이에요. 서로의 눈높이를 맞추고, 때론 낮출 필요도 있어요. 경협에서 제가 다시 맡아야 할 역할이 있다면 최선을 다할 생각입니다.

인터뷰를 마치고

김용관 대표는 남북 경협의 활성화와 발전에 필요한 다음과 같은 조언을 했다.

우선, 남북 경협의 초기에 북한 파트너 발굴과 협의 방법, 국내 행정적 절차 등을 체계적으로 지원하는 기구가 필요하다고 강조했다. 경협의 초심자라도 사업적인 역량과 투자 능력만 있어도 수월하게 경협에 진입할 수 있는 시스템적 지원이 필요하다는 지적이었다.

둘째, 경협 참여자들은 북한을 돈으로만 대하지 말고 진정성 있게 소통하고 배려하는 동시에 상생의 동반자로 여겨야 사업적으로 성공한다는 점을 강조했다. 북한의 파트너가 사업적으로 다소 부족함이 있었지만 인내함으로써 신뢰 관계를 구축할 수 있었고 이것이 사업적인 성공으로 이어졌다는 것이다.

셋째, 그는 경협에 앞서 철저한 사전 조사로 자신감을 얻었으며, 이러한 자신감이 사업적 성공으로 이어질 수 있었다고 진단했다. 예비 사업자들은 철저한 사전 준비와 연습이 필요하다며, 그는 필요하다면 기꺼이 훈련의 장을 제공하겠다고도 했다.

마지막으로, 남북 경협에서 지자체와 민간이 협력할 수 있는 시스템을 희망하였다. 예를 들어 남북의 지자체가 협력하여 토지와 노동력 확보 등의 기반을 조성하고, 민간 사업자들이 그 바탕위에서 농산물 경작을 하거나 가공하는 시스템이 있으면 보다 안정적이고 효율적이며 경쟁력 있는 남북 경협이 가능할 것이라고 전망했다.

김용관 대표의 남북 경협 사업은 깐마늘 시장에서 월등한 경쟁력을 창출했다고 평가할 수 있다. 김용관 대표의 마늘은 중국산과 비교한다면 국내산이라는 이점*과 수작업 제조 상품(상품 훼손이 적고 보관 및 유통 기한에서 유리함)이라는 경쟁력이 있었다. 또한 국내 가공에 비해 월등한 노동력의 질과 노임 단가도 경쟁력 확보의 중요한 변수였다.

김 대표가 창출한 경쟁력은 자연히 수익성을 높였고 대북 사업 초기의 손실을 만회하고도 남았다. 비록 5·24조치로 1년 만에 중단되기는 했지만 짧은 사업 기간에 수십억 원의 수익 창출(분사된 주식회사의 수익을 합치면 100억 원이 넘는 수익이다.)이라는 놀라운 성과를 거두었다.

그러나 기업 지배 측면에서는 취약점을 보였다. 김용관 대표 본인이 모든 투자를 집행하고 사업의 실무 역량을 갖추었지만 대

---

* 국내산의 이점은 두 가지 측면에서 발휘된다고 본다. 우선, 농수산물 등의 먹거리 가공품 전반에서 중국산보다 국내산이 더 안전하고 질 좋은 것이라는 소비자의 인식이다. 또한 물류, 운송, 유통에서 이점이 있다. 특히 김용관 대표의 마늘은 가공 기간이 1박 2일이 소요되어 회전율이 빠르고, 가공된 깐마늘이 남한으로 넘어오면 각 유통업체, 식품점 등으로 당일 배송이 가능했다.

관 업무나 행정적인 업무에서 부족한 점을 보완하기 위하여 한 인사를 영입했고 이로 말미암아 경영상의 분쟁이 발생하였으며 이것이 분사의 계기가 되었다.

3장

의류 위탁 가공은 동남아보다 압도적이다

중국에 완성 공장, 동남아에 리스크 분산 생산 기지

정태원 ㈜지피 대표

인터뷰를 준비하며

정태원 대표의 ㈜지피는 남북 경협에서 의류 위탁 가공* 분야의 대표 사례로 꼽힌다. 정 대표는 국내 대표 의류업체에 1991년 입사하여 10여 년간 현장 경험을 쌓았고 이를 바탕으로 2002년 ㈜지피를 설립했다.

㈜지피는 북한의 은하무역 등 여러 업체와 위탁 가공업을 수행했으며, 다른 의류 위탁 가공 경협 업체들과는 달리 북-중 접경지인 중국 단둥에 지피복장유한공사라는 완성 공장을 설립하여 마무리 공정을 끝내 국내에 반입하였다. 이 방식은 제품의 완성도나 신뢰 면에서 경쟁력을 갖게 하였다.

매출이 늘고 수익이 커지면서 효율적인 사업 관리와 리스크의 분산이 필요해졌고 이를 반영하여 2008년에 지피월드라는 별도 법인을 설립하였다. 지피월드는 대북 사업에서 발생할지도 모를 유사시에 대응하기 위해 동남아 지역에서의 생산을 사업 영역으로 삼았다. 동남아 지역에서의 생산 제품은 예상과 달리 북한과 비교하면 품질이 조악했으며 비용이나 물류 면에서도 경쟁력이 떨어졌다.

---

* 위탁 가공이라 함은 타인에게 원재료 등을 제공하여 원재료 등에 공작을 가하여 새로운 물건을 만들거나 노력을 가하고 그 대가로서 보수를 지급하는 것을 말한다. 외주 가공 또는 임가공이라고도 한다.

5·24조치 이후 북한에서의 생산이 불가능해짐에 따라 ㈜지피의 사업은 막대한 타격을 입었다. 동남아 지역으로 생산을 대체하는 것으로는 도저히 기존의 매출과 수익을 회복할 수 없었다. 이 회사는 비록 규모와 수익성은 대폭 줄었으나 현재까지 사업을 근근이 유지하고 있다.

정태원 대표를 인터뷰하게 된 이유는 세 가지이다.

첫째로, 의류 분야 대북 위탁 가공업을 수행한 기업 중 완성도 높고 모범적인 업체로 평가되었던 점이다. 생산품의 품질을 검수하고 공정을 마무리하는 완성 공장을 단둥에 설립 운영함으로써 북한 생산품에서 아쉬웠던 마감 공정을 보강했던 것이다. 이를 통해 품질의 압도적 우위와 신용을 확보할 수 있었다.

둘째로, 국내 유수의 의류업체에서 10년 이상 경험을 축적한 전문성에 토대하여 대북 사업에 진출했다는 점, 그리고 철저한 사전 준비를 통해 사업 초기의 시행착오를 줄이고 초창기부터 수익을 거둘 수 있었다는 점이다.

셋째로, 지피월드라는 별도 법인을 설립하여 사업 확대에 따른 관리 효율성을 높이려고 했으며, 한편 대북 사업의 유사시에 발생할지도 모르는 리스크를 분산하려고 했던 점이다. 즉, 동남아 생산 기지를 구축하여 북한에서의 사업이 여의치 않은 경우에도 사업을 지속할 수 있도록 대비한 측면은 좋은 사례로 볼 수 있다.

＿ 처음 남북 경협 사업에 관심을 갖게 된 계기는 무엇인가요?

= 1991년 전역 후 국내 대표 의류업체에 입사했습니다. 입사
후 생산관리부에 배치되어 의류 봉제를 배웠어요. 토요일에도
4시까지 일하곤 했죠. 평사원으로 시작해 주임, 대리, 과장, 차
장을 거쳐 1999년에는 생산 부서장까지 됐습니다. 당시 생산
구매 부서에만 약 30~40명의 직원이 있었고, 중국이나 베트남
등 동남아시아에서 봉제를 하다 보니 해외 출장도 많이 다녔습
니다. 책임자로서 부서원들에게 새로운 생산 기지에 대한 비전
과 목표를 제시해 줘야 한다는 생각을 하던 중, 북한이 눈에 들
어오기 시작했습니다.

1999년 북한에서 봉제 사업이 가능하다는 이야기를 듣고 사
장에게 보고했습니다. 사장은 '북한은 정치적 변수가 많고, 봉
제는 지속적으로 관리해야 하는데 우리가 갈 수도 없는 북에

서 어떻게 사업을 하는가? 중국, 베트남이 더 가능성이 많지 않나?'라는 반응이었죠. 그래서 저는 북한은 무관세라고 설명했습니다. 중국은 지금도 의류 수입 관세가 있고, 베트남도 당시에는 의류 수입 관세가 있었어요. 그리고 북한 봉제 기술이 중국, 동남아 지역보다 높은 수준이었죠. 그렇기에 북한을 봉제 신시장으로 생각하여 오더를 진행하게 되었습니다.

— 당시 중국과 베트남의 관세 수준은 어떠했나요?

= 옷 종류에 따라 다릅니다. 여성복, 남성복, 아동복인지 그리고 아우터인지, 이너웨어인지, 또 소재는 무엇인지, 디자인은 어떠한지 등에 따라 제각각이죠. 보통 여성복은 7~8퍼센트, 남성복은 13퍼센트로 남성복이 더 높은 편입니다. 중국도 조금씩 떨어지고 있지만 아직까지 관세가 있어요. 하지만 북한은 민족 내부 간 거래이기 때문에, 즉 비록 정치·외교적으로는 막혀 있지만 민족 간 경제 교류의 활성화를 위해 무관세 혜택을 주었어요. 당시 노태우 대통령의 북방 외교는 높게 평가해야 한다고 생각합니다. 그런 배경으로 대우 등 대기업들도 남북 경협을 시도했고 중소기업들도 참여하기 시작했죠. 1999년 저는 부서장이 된 이후 사전 조사와 1차 보고를 했고, 그 이후 몇 달 동안 더 조사하고 자료를 첨부한 뒤 사장에게 다시 보고하여 결재를 받아 북한과의 사업을 진행하게 되었습니다.

_ 대북 사업 시작 당시 북한의 임가공업 상황은 어떠했나요?

= 의류 임가공을 위한 봉제 공장이 평양 근교에만 있는 것이 아니고 남포, 해주, 평성 근교에서 함경도, 양강도 지역까지 북한 전역에 펼쳐져 있었습니다. 1990년 이전에는 재일교포들이 먼저 봉제 공장을 차려 일본과 경제 교류가 중단되기 전까지 일차적으로 기술을 많이 전수했어요. 1991년 노태우 정부 때 남북 기본 합의서*가 체결되면서 본격적으로 남북 간 민간 교류가 가능해졌죠. 대기업 중에는 대우의 김우중 회장이 남포공장을 세우고 미국 수출용 셔츠 등을 생산하기 시작하면서 1990년대 중반부터 우리 같은 중소기업들도 본격적으로 북한에 들어가 사업을 하게 되었습니다.

우리 경험에서도 알 수 있듯이, 의류 임가공이 후진국이나 개발 도상국의 입장에서는 경제 부흥을 위해 필요하고 유용한 산업입니다. 노동 집약적인 산업이기 때문에 인건비가 낮고,

---

* 남북 기본 합의서는 1990년 9월부터 진행된 일련의 남북 고위급 회담(남북한 국무총리 회담)이 이루어 낸 성과이다. 남북한은 1989년 2월부터 남북고위급회담을 준비하는 예비 회담을 진행했다. 예비 회담은 8차에 걸친 협상 끝에 1990년 7월 남북 고위급 회담 개최에 관해 전반적인 합의를 도출했다. 그 합의에 따라 1990년 9월 4~7일 서울에서 제1차 남북 고위급 회담이 개최되었다. 이때부터 양측의 국무총리를 수석대표로 한 남북한의 대표단은 서울과 평양에서 고위급 회담을 번갈아 개최했다. 1991년 12월 10~13일 서울에서 개최된 제5차 남북 고위급 회담에서 양측은 남북 기본 합의서의 전체 내용에 관해 합의했으며, 1992년 2월 18~21일 평양에서 개최된 제6차 남북 고위급 회담에서 기본 합의서에 양측 수석대표가 서명함으로써 남 북기본 합의서는 공식적으로 발효되었다.(출처 : 한국민족문화대백과사전)

풍부한 노동력이 있으면 가능하죠. 높은 기술력이 필요하지 않아요. 우리 역시 1960~70년대에 경제 개발을 하면서 서울이나 부산에 봉제, 인형, 가발, 신발 등 경공업을 시작으로 대우, SK, 삼성, LG 등이 패션 산업을 일으킨 것 아니겠어요? 북한 역시 봉제공장이 자강도, 양강도까지 북한 전역으로 펼쳐졌고, 1990년대 중반부터 남쪽 기업의 오더를 생산하면서 2010년 5·24조치 전까지 활황기였어요. 참고로 개성공단에는 봉제 공장이 70여 개 있었던 걸로 알고 있는데, 북한 전역에는 수백 개의 봉제 공장이 있었고, 북한 입장에서도 봉제 업종이 외화벌이의 큰 역할을 차지했을 것으로 생각합니다.

— 북한 공장에서는 주로 어떤 제품을 생산했나요?
= 저희 회사는 매출이 높았기에 어느 한 복종, 아이템만 생산하진 않았고, 거의 모든 복종을 생산했다고 할 수 있습니다. 여성복, 남성복, 캐주얼, 아동복을 다 생산했죠. 아이템도 코트나 다운 점퍼, 일반 점퍼, 바지, 원피스 등을 많이 생산했습니다. 의류도 품목이 다양하잖아요. 우리가 원부자재를 다 보내 줬어요. 원부자재 중 북한에서 생산되던 것은 하나도 없었어요. 그만큼 인프라는 약했다는 의미죠. 고가의 남성복이나 여성복의 원부자재는 국내에서 나가는 것도 있고, 일반 캐주얼이나 아동복 등은 거의 중국에서 구입해 단둥에서 취합했습니다. 우리가

국내에서 보내는 것은 인천-단둥 직항을 이용했어요. 화물선은 일주일에 두 번, 훼리는 세 번을 운항했습니다.

— 대북 물류 루트는 어떻게 되었나요?

= 90년대 초창기에는 인천-남포 간 화물선을 한국 기업들이 이용했습니다. 남포항은 일제 강점기에 만들어진 항구라 접안 시설이 매우 열악한 걸로 알고 있어요. 다른 화물선이 정박해 있으면 공해상에서 며칠을 대기해야 했습니다. 대기 상황이 생기다 보니 일이 계획한 대로 되지 않았습니다. 의류는 시간 싸움이에요. 납기가 정해져 있고 예정된 시간을 어기면 바이어와의 신뢰가 깨지게 되죠. 초창기에 그런 시행착오를 겪다 보니 그 후로는 단둥을 경유했습니다. 인천에서 국내 자재가 나간 것은 일부이고, 가격 절감을 위해 중국 자재를 구매하는 비율이 늘어나는데다가 인천-단둥 화물선과 훼리는 일주일에 4~5번이 있었기에 계획대로 할 수 있었습니다. 자재가 단둥 창고에 모여지면 검수하고, 중국 트럭으로 철교를 통해 북한 신의주로 넘어갔죠. 신의주 역시 세관 창고가 있어서 거기에 물건을 하차해 줬습니다. 그러면 북한 민족경제협력련합회 산하의 우리 파트너인 은하무역회사, 이외에도 평양피복회사, 능라도무역회사 등 피복 관련 무역회사들이 싣고 가서 작업을 하는 구조였습니다. 봉제가 끝난 완제품은 이 역순으로 진행되죠.

— 북한의 사업 파트너는 어디였나요?

= 우리 회사는 은하무역회사, 평양피복합작회사, 봉화무역회사, 대동강무역회사 등과 거래했습니다. 은하무역은 산하에 8국까지 있다고 알려져 있었어요. 은하무역회사는 하나의 국이 하나의 무역회사나 마찬가지였습니다. 따라서 그 규모가 엄청났죠. 우리 파트너였던 은하무역회사나 봉화무역회사 같은 곳은 종합상사 개념이었어요. 국내의 종합상사처럼 상당히 다양한 종류의 상품을 취급했죠. 의류만 놓고 보면 은하무역회사와 평양피복회사가 제일 규모가 컸어요. 규모가 크다는 것은 산하에 봉제 공장을 많이 소유하고 있다는 이야기죠.

의류 봉제는 상급 기관인 새별총회사에서 관리하며 연결해 주었습니다. 보통 남한 한 개의 회사가 북한 한 개의 무역회사와 거래하게 되는데, 우리 회사는 오더가 많았고 계속적으로 요구를 하여 4~5개 무역회사와 거래했습니다.

— 사업을 위한 소통은 어떻게 진행되었나요?

= 서울에서는 평양 봉제 공장과 직접 전화 통화나 팩스, 이메일 등이 되지 않았어요. 이것이 가장 큰 단점이었죠. 서울에서 직접 의사소통이 안 되니 답답하고 힘든 부분도 있었어요. 단둥에서 원단과 부자재 등 여러 종류를 취합해 신의주 세관 창고에 내려 주면, 한국 직원은 직접 통화를 하지 않고 단둥에 있

는 우리 중국 직원들이 실무를 진행했습니다. 각 무역회사 책임자들과 매일 전화나 팩스를 주고받으면서 우리가 언제 자재를 신의주 창고에 내려 주겠다고 하면, 그쪽 공장 트럭이 와서 자재를 싣고 가서 봉제 완제품을 생산했어요. 5·24조치 이전 때만 하더라도 연간 매출 100억 원을 넘겼으니, 1년에 수십만 장을 생산한 것이죠. 한 달에 한 번 정도는 단둥에 출장을 갔습니다. 제품이 잘 안 나오거나 꼭 직접 해결해야 할 문제가 있을 때에는 제가 직접 사장과 통화했고요. 평양에 전화할 때는 교환원이 받았고, 교환원에게 '은하무역 부탁합니다.'라고 말하면, 교환원이 '예, 알겠습니다. 잠깐 기다려 주세요.' 하는 식으로 북한 측과 연결됐습니다.

— 북한으로 직접 들어가기도 했나요?

= 우리 남한 사람은 북한에 상주하지 못하기 때문에, 우리는 품질과 납기 실수를 최소화하기 위해 중국 직원을 상주시켰습니다. 그런데 북한에서 만든 제품이 마무리가 좋지 않았어요. 봉제는 좋은데, 예를 들면 스냅이 쉽게 빠진다든가, 여름에는 흰색이나 밝은 색 원단을 쓰기 때문에 오염에 주의해야 하는데 오염이 남아 있다거나, 또 다림질을 일정한 온도로 세심하게 해야 하는데 전력이 원활하지 않다 보니 미흡한 부분이 발생했어요. 중국 직원이 매일 북한 안내원 도움을 받아 작업 중인 우

리 봉제 공장을 다니며 기술 지도도 해 주고 설명해 주었고, 단둥 직원들과는 전화 통화를 했습니다. 이런 방법으로 공장을 관리하였기에 품질도 높은 수준으로 올라간 것이에요. 비용이 상승했지만, 이것도 하나의 투자로 생각해서 결정한 것이었습니다. 그리고 저는 단둥 법인장(한국인)과 평양을 방문하기도 했고 서울 이사와도 평양을 방문했습니다.

단둥에 최초로 완성 공장을 세우다

▬ 완성 공장을 세울 생각은 어떻게 하게 되었나요?

▬ 전에 회사에 다닐 때 간접 경험을 통해 제가 사업을 하게 되면 완성 공장이 필요하겠다고 생각했습니다. 북한이 봉제 수준은 높지만 그래도 부족한 부분이 있고, 제품을 박스에 담아 단둥에 도착하여 인천으로 이동하다 보니 구김 등 아이롱 작업(의류 제작 과정에서 구김을 펴는 작업)도 필요했습니다. 완성 공장은 화장하는 것과 같다고 표현을 합니다. 본래 예쁘고 잘생겨도 기본 화장을 하면 더 좋아 보이듯, 제품의 가치를 더 올려 주고 소비자에게 만족을 주는 것이죠. 사업은 한 번 거래하고 한 번 납품하는 것으로 끝날 수 없습니다. 거래는 상대에게 믿음을 줘야 하고 신용이 가장 중요하죠. 제품 하나하나에 제 얼굴과 이름이 새겨지는 것이나 마찬가지입니다. 정성이 필요해요. 그래야

거래가 지속될 수 있죠. 제가 사업을 한다면 완성 공장을 만들어 좋은 품질로 바이어를 만족시키겠다고 생각했었어요. 제가 브랜드 기업에서 근무를 해 봤기 때문에 단순히 저가로 시장에 납품하는 것이 아니고 브랜드 라벨을 달고 소비자에게 판매하는, 신용을 갖춘 모습을 보여 주는 것이 좋겠다고 생각했습니다. 중국 완성 공장은 처음 200평 정도 되는 공간에서 제품 한 장 한 장을 전부 검사, 수선하는 작업으로 시작했습니다. 그리고 3년 정도 지나 단둥에서 400평 정도 되는 곳으로 확장해서 사업을 했습니다.

＿ 중국 완성 공장에서 상품이 국내로 들어와도 원산지는 북한으로 인정되었나요?

중국 단둥에 있던
완성 공장

124

≡ 재단과 봉제는 실제 북한에서 이뤄지기에 문제가 없었습니다. 보통 그 당시에 한국 의류 회사들은 비용이 들어가더라도, 단둥에서 완성 공정을 거친 후에 인천으로 가지고 왔습니다. 한국 회사들이 이용한 단둥 완성 공장은 모두 중국인들이 운영하는 완성 공장이었고, 우리 회사만 우리가 직접 투자하여 독자 법인을 만든 것이었어요. 우리 회사 물량이 많았기에 우리 회사 오더만으로 완성 공장 운영이 가능하다고 판단하여 설립하게 된 것이죠. 그리고 과경 화물(국경을 통과하는 화물)이라고 하여 우리나라, 중국, 북한 등 3개국이 허용해 주었어요. 어떻게 보면 북한의 특수 상황을 고려해 중국 정부에서도 허용해 준 것이라 생각합니다. 중국이 베이징올림픽 이후 인건비가 상승해서 지금은 봉제 공장보다 반도체나 자동차 산업 등을 선호하지만, 당시만 해도 인력이 남아돌았고, 중국 인력이 많이 채용되는 것을 환영했어요. 원래 북한 원산지를 인정받을 때 일정 퍼센트 이상 보세 구역 밖을 나가면 안 되었어요. 2002년 제가 사업을 시작할 때만 해도 북한에서의 봉제 사업이 활발했고, 한국에서 북한으로 많은 주문이 이뤄지다 보니 단둥 경제에도 큰 도움이 되었습니다. 때문에 단둥 외곽의 몇 곳은 보세 구역으로 인정해 주었죠. 가끔 한 번씩 중국 측에서 나와 확인하기도 했어요. 중국 해관(세관) 직원들이 정기적으로 와서 제대로 하고 있는지 확인했죠. 우리는 인천으로 100퍼센트 가지고 왔으니

까 인천 세관에서 무관세를 받기 위해 북한에서 제품을 신의주에 갖다 놓을 때 민경련에서 발행해 주는 원산지 증명서가 있었습니다.

___ 북한산 제품의 경쟁력은 어떠했나요?

= 원가가 저렴하고 상대적으로 품질이 좋았기에 가성비가 좋았습니다. 또한, 동남아시아보다 물류 기간이 짧았죠. 북한산으로 나왔을 때 시장의 평판이 괜찮았어요. 제가 근무할 때나 최근 몇 년 전까지만 해도 의류 브랜드는 제가 근무했던 업체가 제일 많이 소유하고 있었어요. 때문에 초기부터 북한 생산을 제일 많이 했고, 연간 매출을 100억 원씩 할 수 있었죠. 다른 대형 의류업체들도 참여했습니다. 소비자들과 시장에서의 평가가 안 좋으면 대기업에서도 북한 봉제를 할 이유가 없죠. 2010년 5·24조치 전까지 북한 봉제 오더량은 계속 증가하는 추세였습니다.

___ 경협 사업은 매월 얼마 정도의 물량으로 거래했나요?

= 수량으로 따지면 연간 약 30~40만 장이니까 매월 3만 장 정도였습니다. 거의 매일 완성 공장을 돌리다시피 했어요. 2002년 11월 20일이 회사 창립 기념일이었는데, 2002년에는 매출이 제로였어요. 그다음 2003년에는 49억 원을 했고, 2004년 92억

원으로 100억 원 가까이 급상승했죠. 제가 다닌 의류업체는 패션 분야에서는 사관학교라고 불릴 정도였습니다. 이곳 출신들이 여러 브랜드 책임자로 있어 영업하기에도 좋았어요.

__ 사업 규모가 컸는데 개성공단 입주는 고려하지 않았나요?
≡ 2~3년 사이 매출이 급상승하니 현대아산에서 연락이 왔어요. 우리 회사의 데이터를 보니 북한 의류 가공 사업을 크게 하는데 왜 개성공단에 입주하지 않느냐는 거였죠. 당시 김대중 정부 시절인데, 저는 개성공단은 정권이 바뀌는 정치 상황에 따라 문제가 될 수 있을거라고 생각했습니다.

또 개성공단에는 한국 직원이 상주해야 하고 초기 투자 비용도 많이 들어갈 수밖에 없었죠. 평양 위탁 가공은 한국 직원이 아니라 중국 직원이 상주하기 때문에 큰 마찰이 없을 것으로 예상했습니다. 우리가 공장에 기계 설비는 넣어 주지만 만약 보수 정권이 집권하더라도 개성공단은 중단되거나 단절될 수 있겠지만, 내륙 위탁 가공은 오히려 정권에 영향을 덜 받지 않을까 판단했습니다. 그런 생각으로 개성공단 입주는 거절했습니다. 그런데 천안함 사건으로 정부가 개성공단을 제외한 모든 남북 경협 사업을 중단시킬 줄은 전혀 몰랐어요. 자국민들의 안전 때문에 철수해야 한다면 500명이 상주하고 있는 개성공단을 먼저 철수해야지, 한국이나 단둥에서 관리만 하는 내륙 기업을 먼저 중단시키니 상식적으로 이해할 수 없었습니다.

— 북한으로의 송금은 어떻게 진행했나요?

＝ 단둥 무역회사(진출구)로 송금을 하여 새별총회사에 지급해 주기도 하였고, 단둥 법인을 통해 송금해 주기도 했었고, 중국 북한 계좌로 직접 송금하기도 했던 걸로 기억합니다.

5·24조치 이후, 어쩔 수 없이 베트남, 미얀마로……

— 사업을 베트남으로 확장했나요?

＝ 제가 비록 중소기업 경영자이지만 회사를 경영하는 입장에서는 반드시 리스크 관리를 해야 합니다. 회사의 연속성과 지속성을 유지하는 게 가장 중요한 임무 중 하나이죠. 북한 봉제의 가장 큰 단점은, 우리가 마음대로 왕래할 수 없고 자유롭게 상주할 수 없다는 것입니다. 북한 생산의 장점은 많지만, 너무 많은 오더가 들어가면 관리의 한계 등 여러 문제점이 예상됐어요. 그래서 남북 경협 사업에 100퍼센트 몰두하지 말고 베트남이나 미얀마 등 동남아시아 지역의 생산 축을 만들어, 한쪽에 문제가 발생해도 회사 전체에 심각한 타격을 입지 않도록 해야겠다고 생각했습니다. 북한 봉제 최대치를 저는 200억 원 정도로 봤습니다. 그래서 매출이 100억 원이 넘으면서 2008년에 지

피월드 회사를 설립하여 베트남 생산 등을 준비했어요. 사실 지피월드는 매출이 미미했습니다. 북한 사업의 비중이 95퍼센트 이상이었던 거로 기억해요. 베트남은 2008년에 시작해 테스트하는 수준 정도였죠. 또 베트남은 물류 기간도 길고 당시 우리는 베트남 사업에서 후발 주자였어요. 이미 좋은 공장은 앞서 진출한 회사들이 선점하고 있었어요. 결국 베트남 등 동남아시아에서 품질이나 마인드가 좋은 A급 봉제 공장을 찾는 데 성공하진 못했습니다.

_ 북한에서 상품이 생산된 뒤 국내 반입까지 물류 기간은 어느 정도 걸렸나요?

= 북한 공장에서 봉제가 끝난 완제품을 저녁에 출발하여 다음 날 오전에 신의주 창고에 하역했습니다. 단둥에서 화물차가 빠르면 당일 저녁에 싣고 가지고 나왔죠. 완성 공장에 제품을 하역한 후에 전수 검사를 하면서 수선하고 재아이롱 등을 하여 재포장한 후에 인천항 도착하는 데까지 대략 열흘 정도 소요되었습니다.

_ 북한에서 물품 납기일은 잘 지켰나요?

= 북한 무역이 100퍼센트 만족스러운 것은 아니었습니다. 동남아시아 어디에서든 100퍼센트 만족은 없었죠. 북한 봉제도

납기가 어긋나 클레임을 받은 적도 있었어요. 그러나 많은 물량을 그 정도로 했으면 나름대로 북한 공장들도 신용 있게 했다고 생각합니다. 베트남이나 미얀마, 인도네시아 등도 마찬가지로 어려웠어요. 5·24조치 이후 평양 생산이 중단되면서, 그래도 회사는 유지해야 하니까 베트남, 미얀마 등에서 사업을 진행했습니다. 북한 생산보다 더 고생했죠. 납기일도 문제였고 품질도 많이 떨어졌어요. 그럼 다시 국내에서 수선해 완성해야 했죠. 비용이 너무 많이 들었고 시간도 더 소요되었으며, 그만큼 업무 분산이 되어 힘들었습니다.

— 북한과 동남아시아 사업에서 느낀 차이점은 무엇인가요?
= 우리 회사는 북한 생산이 오히려 동남아 생산보다 수월했습니다. 동남아가 생산 비용이 더 비쌌죠. 완성 공장을 빌려 거기에 주문을 줘서 다시 국내에 와서 수선하고 재완성하는 데, 단둥에서 피스에 1천 원이면 가능한 것이 동남아에서 봉제한 제품을 국내에서 재완성하는 데 3천 원에서 5천 원이 들어갔어요. 더 큰 문제는 북한은 대략 시즌 초 계약을 맺으면 그 후 가격을 올려 달라고 하는 예가 없었습니다. 그런데 동남아 공장들은 계약이 별 의미가 없었죠. 중간에, 사후에 어떤 부분에서 금액을 올려 달라고 하고, 인상하지 않거나 결제 송금을 안 해주면 물건을 안 내주겠다고 버틴 경우도 있었어요.

— 북한과 체결한 계약서에는 주로 어떤 내용이 담겼나요?

＝ 계약서는 어느 나라나 비슷합니다. 양쪽 회사명과 복종, 디자인, 수량, 임가공 단가 등이 들어갑니다.

— 북한 인건비는 여전히 경쟁력이 있다고 보시나요?

＝ 국내 원가에 대비하여 종합적으로 비교하면 인건비를 포함한 제반 비용이 20퍼센트 정도입니다. 이 경쟁력은 어마어마한 것이죠. 또 국내에는 북한에서처럼 대량 생산할 수 있는 봉제 공장이 없어요. 제가 30년 전 처음 회사에 다니며 담당했던 봉제 공장 사장들과도 연락하는데, 면목동 등에서 지금 일하시는 가장 나이 어린 아주머니가 제 나이 또래예요. 50대 중후반이죠. 그러니 생산성도 떨어지고, 지금 누가 봉제를 배우려고 하나요. 우리도 88서울올림픽이 끝나고 인건비가 올라가면서 봉제 공장이 하나둘씩 문을 닫았죠. 그래서 중국으로 많이 진출했는데 중국이 베이징올림픽을 하면서 또 인건비가 오르니까 다시 미얀마, 베트남, 인도네시아, 인도, 방글라데시 등으로 이동한 것이에요.

남북 경협은 앞으로도 새로운 가능성의 영역

— 대북 사업을 하게 된 가장 큰 원동력은 무엇이었나요?

≡ 저는 남북 경협을 새로운 시장으로 봤습니다. 그리고 같은 민족이니 의사소통도 되고, 어찌 보면 북한은 가장 가까우면서도 먼 나라였는데 전혀 개발이 안 된 곳이기도 했죠. 의류 봉제는 인건비가 가장 저렴한 지역을 찾을 수밖에 없는 산업입니다. 노동 집약적인 산업이기 때문에 인건비가 가장 중요한데, 중국이나 베트남은 인건비가 계속 올라가지만, 북한의 상승 속도는 상대적으로 더딜 것으로 예상했습니다. 품질도 좋았죠. 우리 민족이 손재주가 좋잖아요. 북한 노동자들이 생산한 제품은 가격 대비 품질이 우수하고, 한국 사람이 상주하지 않는데도 이들은 설명서를 보고 거의 완벽하게 똑같이 만들어 보내주었어요. 또 제가 평양에서 느낀 것은 대학 졸업자가 많다는 점입니다. 고학력자들이 많고 머리가 좋아서 한 가지를 설명해 주면 두세 가지를 깨달았어요. 정치적인 민감성 때문에 이들이 자기표현을 잘 하지는 않았지만, 책임감은 강했죠. 때문에 북한을 하나의 개발되지 않은 새로운 시장으로 봤고, 또 개인적으로 나중에 은퇴해서도 북한을 왕래하며 장학 사업, 선교 등을 하며 노후를 보내야겠다는 생각을 하기도 했습니다.

━ 경협 사업을 하며 난감했던 경험은 없었나요?
≡ 당시에는 젊었으니, '그냥 부딪혀 가면서 하자!'는 생각으로 사업을 했습니다. 크게 불편한 것은 없었어요. 단둥 등에서 현

지 책임자이면서 관리를 했던 분들하고 단둥 한인교회 분들이 많이 소개해 주시고 도움을 주셔서 큰 어려움은 없었습니다. 술을 잘 마시지 못하기에 분위기를 띄우지 못하는 건 있었지만, 어차피 서울에서도 술 영업을 하진 않았으니…….

— 평양이 개성공단보다 효율적인가요?
≡ 평양 임가공비가 개성공단보다 훨씬 저렴했습니다. 일반인들은 잘 모르지만, 의류 종사하는 사람들은 평양을 포함한 내륙 봉제가 개성공단보다 훨씬 공장 숫자도 많고 가격도 좋으며 품질도 좋다는 것을 알고 있어요. 다만 개성공단은 단납기 생산이 가능하고, 당일에 공장 방문이 가능한 장점이 있었죠.

— 남북 경협이 다시 열리면 사업을 계속할 생각이 있나요?
≡ 지금으로선 추호도 생각이 없습니다. 자금력이 돼야 하고, 정부에서 정경 분리 원칙을 확실히 보장한다면 북한 봉제는 하고 싶은 생각은 있습니다. 평양 봉제만한 곳이 지구상에 없다고 단언합니다. 그러나 지금처럼 정권에 따라 남북 경협이 가동과 중단이 된다면 어느 누가 투자를 할까요!

— 경협이 재개되어도 대북 제재가 유지된다면 사업에 한계가 있지않을까요?

≡ 당연합니다. 결국, 유엔 제재가 풀려야 해요. 이젠 남북한 문제가 아니고 유엔 특히 미국이 결정해 줘야 합니다. 유엔 제재의 결정권은 미국이 갖고 있는 것 아닌가요. 그렇게 공식적으로 제재 해제가 된 다음 우리가 재개해야 한다고 생각합니다. 제재 해제 전 물물교환 이야기도 나오는데 구상 무역은 전 정부 때에도 늘 하던 얘기예요. 사실 그것밖에 방법이 없으니 그런 것 같습니다. 하지만 구상 무역은 트럼프 시절에도 안 됐고 워낙 우리나라 보수 언론 등이 강한 논조로 비판해서 어려워요. 작은 것 하나를 꼬투리 삼아 확대 재생산하죠. 저도 공식적으로 제재가 풀리지 않은 상태에서 남북 경협을 다시 시도하는 것은 반대입니다. 제재가 풀리고 나면 부분적이라도 시도할 수 있는 것이지, 지금 상황에서 경협 사업을 하다가 어느 누가 범법자가 되고 싶겠어요?

_ 5·24조치 이후 사업은 어떻게 되었나요?
≡ 북한 생산 전문 기업으로 인정을 받고 계속 성장하다가 하루아침에 다 날아가 버렸어요. 저희 회사는 최악의 경우 연 매출이 5억 원까지 된 적도 있습니다. 부동산을 하나씩 처분하면서 버티고 있어요. 20여 명의 서울 직원을 정리했고, 단둥 완성 공장도 버티다가 결국 2012년 말에 폐업했습니다. 생각할수록 괴롭고 화가 치밀어 올라요. 제가 경영을 잘못하여 회사가 이

렇게 되었다면 덜 억울할 텐데, 정부의 일방적인 중단 결정으로 꿈도 사라지고 모든 게 날아갔기에 무척이나 힘이 듭니다.

그리고 5·24조치 이후 받았던 오더도 눈물을 머금고 바이어들에게 돌려주었습니다. 또 약속을 지키기 위해 시급히 중국 봉제 공장을 찾아 어렵게 작업해서 중국산 라벨로 갖고 들어오면서 높은 임가공비와 관세도 내야 했습니다. 회사 입장에서는 손실이 이만저만이 아니었죠. 사업은 시간이 지날수록 최악의 상황으로 계속 곤두박질쳤습니다.

— 대출은 결국 빚이고, 오히려 더 힘들어졌다는 경협인들도 있다고 들었습니다.

= 대출도 그동안 이자를 꼬박꼬박 냈습니다. 그래서 문재인 정부 때에도 이자 낸 것이라도 원금에서 빼 달라고 요청했었어요. 그동안은 어찌 됐든 진보, 보수 정권에 상관없이 남북 관계에는 정경 분리가 가장 큰 첫 원칙이었죠. 그러니까 우리 경협인들도 믿고 뛰어든 것이었어요. 김영삼 정부 시절에 북한이 핵 실험을 할 때에도, 아무리 정치적으로는 냉각기를 가졌어도 북한과의 교역은 이상이 없었어요. 때문에 누구나 다 희망을 가지고 시간이 지날수록 조금씩 나아지지 않겠느냐 기대했죠. 지금처럼 이렇게 완전히 전면 중단되고 10년 이상 유지될 것이라고 누구도 생각지 못했습니다. 65세이신 어느 경협 사업

가는 본인이 폐업을 하고 싶어도 수출입은행에서 대출받은 것 때문에 못한다고 하소연을 했어요. 제가 아는 의류업체 사장들은 다 힘들어하고 있고요. 저보다 연배가 위인 분들이 훨씬 많은데 다들 그만두고 싶어도 결국 대출 때문에 못하고 있는 실정입니다.

남북 관계의 정경 분리 원칙, 반드시 지켜야

＿ 북한에서 위탁 가공할 때 초기에 미싱기 같은 물자도 투자했나요?

＝ 당연히 대북 경협을 크게 했던 회사들은 미싱 기계 등을 많이 넣어 주었습니다. 그런 기계들을 매년 보냈죠. 2018년 정부가 그 증빙 서류를 내놓으라고 하는데 뭐 변변한 게 있나요. 개성공단은 물자가 들어가면 국내에서 보내 주기 때문에 증빙 서류 보관도 더 잘했겠지만, 우리는 단둥에서 기계류를 보내기 때문에 중국에서 구매한 미싱 기계나 기반 시설 증빙 서류가 없었습니다. 우리 회사 일을 해 준 단둥 진출구 회사가 이미 오래 전에 폐업하여 기계 구매한 영수증을 찾을 수 없었죠.

＿ 2003년에 49억 원 정도 매출을 하셨는데 이때는 흑자였을 텐데요. 그러면 첫해부터 흑자가 난 것인가요?

= 그렇다고 보면 됩니다. 그래서 5·24조치 이전에 실적 한도 대출 10억 원도 받았습니다. 대북 교역 실적이 좋은 업체들, 경영 실적에서 흑자 내는 업체들이 대상이었죠. 몇 년 동안 그것이 연리 1퍼센트였어요. 당시 은행 시중 금리가 3~5퍼센트였을 때였죠. 굉장히 저금리였어요. 대신 신용보증기금 보증서를 제출해야 했습니다. 신용보증기금 보증료는 평균 2퍼센트이기에 수출입은행 이자 1퍼센트와 합치면 연 3퍼센트 정도의 이자를 냈죠.

신용보증기금에서 계속 상환 압박을 하여 결국 옆 사무실을 팔아 10억 원 중에서 4억 원을 갚았습니다.

_ 추진했던 남북 경협 사업을 성공적으로 평가하나요?

= 잘 모르겠습니다. 5·24조치 이전까지는 나름대로 성공하고 있었다고 볼 수 있겠지만, 5·24조치 이후로는 완전한 실패라고 해야 하지 않을까요? 주변에서는 대북 의류 사업을 가장 모범적으로 했다고 평가하고 있고, 대북 사업을 하면서 단둥에 완성 공장을 운영한 곳은 저희밖에 없었어요. 한국 회사 중 나름대로 체계적이었고 장기적으로 봤을 때 가장 모범적이었죠. 통일부나 남북교류협력지원협회 직원들이 평양으로는 출장을 가지 못하니까 5·24조치 이전에만 해도 단둥에 출장 와서 우리 완성 공장을 보고 갔어요. 그런데도 피해 보상할 때는 단둥 공

장에 대한 피해는 인정도 해 주지 않았습니다.

— 남북 경협 비즈니스를 할 수 있었던 원동력은 무엇일까요?

≡ 직장 생활하면서 대북 의류 사업을 하면 성공할 것이라는 확신이 있었습니다. 제가 사업하기 전 직장 생활의 경험이 가장 큰 도움이 되지 않았나 싶어요. 만약 북한 사업에 대해서 몰랐다면 위험 부담 때문에 대북 사업을 하려는 생각도 못했을 것입니다. 그리고 신앙도 상당히 크게 작용을 했습니다.

— 경협 사업을 위한 사전 준비는 어떻게 했나요?

≡ 직장 생활을 하면서 북한 봉제 경험이 저에게는 곧 살아 있는 경험이었고 사전 준비였다고 생각합니다. 그렇기에 사업을 하면서 그만큼 시행착오가 적었다고 생각해요.

— 북한과 사업을 하면서 특별히 느낀 점이 있나요?

≡ 북한 공장 사람들이 매우 순수하고 착하다는 느낌을 받았습니다. 그렇게 계산적이지도 않고 우리를 많이 이해해 주고 협조해 주려고 했어요. 지금도 눈에 선합니다. 언젠가는 또 만나서 손을 마주 잡고 이야기꽃을 피웠으면 합니다.

— 5·24조치 이후 사업이 힘들었을 텐데 어떻게 대처했나요?

＝ 마른하늘에 날벼락이었으니 지금 생각해도 어떻게 버티고 견뎠는지 저 스스로 대단하다는 생각이 드네요. 사실 이때 내 인생과 꿈이 망가지고 끝난 거나 마찬가지예요.

금전적인 손실도 뼈아프지만 서울과 단둥 직원들을 정리한 게 지금도 죄스러운 마음입니다. 내 개인적으로 받은 스트레스와 병은 말할 것도 없습니다. 이것은 결코 돈으로 해결되는 것도 아니에요.

남북 경협, 철저한 사전 준비와 결단력 필요

＿ 북한 위탁 가공 사업이 중단된 이후 회사는 어떤가요?
＝ 정말 비참합니다. 북한 봉제 강점이 있는 회사가 갑자기 중단되다 보니, 모든 것이 막히고 난관에 부닥쳤어요. 제가 대북 사업을 하면서 2002년 11월 창업했으니, 단둥지사가 만 20년이 되었네요. 단둥에 사무실을 열었을 때 함께했던 직원 두 명이 아직까지 남아 있어요. 당시 20대 초반 여직원은 결혼해서 지금은 40대 엄마가 됐습니다. 서울도 그렇고 단둥에서도 완성 공장을 크게 하다가 결국 안 되겠다 싶어 다 축소하고 두 명만 남았는데 지금은 이것도 고민이에요. 아동복을 조금이라도 해야 두 사람 월급이라도 챙길 수 있다는 생각으로 연결시켜 주는데, 제가 주문을 많이 줘야지만 수익이 많이 발생하는데 지

금은 전부 OEM 생산이니까 결국 브랜드에서 주문을 받아 진행하고 생산해서 납품하죠. 저희는 생산 전문 업체이기 때문에 그 장점을 살려 브랜드 바이어에게 주문을 받아 납품하고 결제받는 시스템입니다. 2010년 5·24조치 전까지만 해도 저희가 대북 사업으로 매출 3위 안에 들었어요. 매출도 100억 원이 넘었고 단둥 완성 공장에만도 중국 여성 노동자 60~70명을 고용했었죠. 베트남 하노이, 호치민 공장에서 봉제했지만, 품질이 나오지 않았고, 미얀마 양곤에서도 봉제했지만 역시 결과가 나오지 않았습니다. 그렇다 보니 서울 직원들을 정리할 수밖에 없었고, 부동산을 처분하면서 버텼어요. 지금껏 십수 년 이런 상황이니 돌파구를 찾는 것이 현실적으로 쉽지 않습니다.

__ 5·24조치 이후 정부의 피해 보상 지원은 있었나요?

= 2010~2012년에 대출을 해 줬는데 이자가 3퍼센트였어요. 이것도 우리 회사는 5·24조치 이전에 받은 실적 한도 대출이 있어서 문제가 있었죠. 그러나 당시에 제가 (가칭)'대북 섬유 위탁 가공 협의회' 회장으로 일을 하고 있었기에 타 업체들이 좀 더 대출을 받을 수 있도록 부탁을 했어요. 지금까지 무상 경비 지원을 두세 차례 받은 게 전부인데 1년 이자도 안 되는 금액입니다. 피해 보상 지원은 없었다고 봐야 해요. 대출이라는 것이 부채이지, 그냥 피해 보상으로 거저 주는 것이 아니잖아요.

＿ 경협 사업의 피해 보상 문제를 정부가 어떻게 처리해야 한다고 생각하나요?

＝ 직접적인 피해액에 대해 적극적, 자발적으로 나서서 정확히 실태 조사를 하여 책임져 주는 것이 정부의 역할입니다. 5·24조치는 정부의 일방적인 결정으로 고스란히 우리 기업들이 피해를 본 것이에요. 앞으로의 예상치까지 해 달라는 것이 아닙니다. 2010년 통일부 차관과 면담할 때 제가 이런 이야기도 했었죠. "차관님이나 여기 계신 분들은 정권이 끝나면 대학교수 등 다 갈 길을 찾아서 갈 것이고, 결국 남아 있는 대부분의 중소기업들이 다 죽어 나갈 텐데 과연 책임질 수 있나요? 아무리 국정 운영에 있어 피치 못할 결정이라고 하지만 너무 쉽게 결정하면 안 됩니다. 우리가 이렇게 빠지면 중국 기업들이 다시 우리의 빈 공장을 차지할 텐데, 나중에 시간이 지나 다시 우리가 원상회복하려면 얼마나 많은 에너지와 시간, 비용이 들어가겠어요. 이 모든 것을 종합적으로 생각하고 결정해야 합니다."라고 말했어요. 결국, 허공에 대고 이야기한 셈이죠.

정부의 든든한 지원과 보장 반드시 필요

＿ 남북 경협 재개 시 개선이 필요한 점은 무엇인가요?

＝ 남북 경협이 재개된다면 실손 보험이 더 구체화되고 현실

화되어야 합니다. 수출입은행에서 가입하게 하는 실손 보험을 말해요. 그래서 혹시나 문제가 되었을 때는 보험 적용이 되어야 합니다. 그리고 단둥을 경유하는 프로세스보다 평양 내륙에서 직접 완제품이 육로로 개성을 거쳐 서울로 오게 되면 비용도 절감되고 시간도 단축됩니다. 사실 그동안 단둥을 경유한 의류 위탁 가공은 중국 기업들만 이익을 많이 봤어요.

— 남북 경협 활성화를 위해 지자체나 정부가 어떤 준비와 지원이 필요하다고 생각하나요?

= 5·24조치 이후 10여 년 이상이 흘러 왔습니다. 유엔 제재가 풀리고 향후 5년이 됐든 10년이 됐든 남북 관계가 회복돼야 할 것입니다. 먼저 경제 교류로 물꼬를 다시 터야 해요. 남북한이 경제 교류를 통해 북한의 노동력과 지하자원을, 남한은 자본과 기술력을 잘 융합한다면 시너지 효과가 엄청날 것입니다. 개성공단이 중단되어 있으니 제2의 개성공단 같은 것이 필요해요. 경기도에서 북한 땅에다 공단을 설치하면 또 이런 개성과 같은 문제가 발생할 수 있을 거예요. 그러니 파주나 접경 지역 쪽에 가깝게 북한 노동자들을 출퇴근시킨다든가, 기숙사 시설을 이용해 북한 사람들을 고용하는 형태로 남한에 제2의 공단을 설립하는 건 어떨까 싶습니다. 봉제 경공업은 인건비가 저렴한 인력을 채용할 수밖에 없어요. 물론 먼 미래의 이야기이지

만 그런 공단을 설치하고 투자 시설에 일정 부분을 지원해 주면 가장 좋지 않을까 싶습니다. 그리고 공단 내에 반드시 다국적 기업들을 유치해야만 남북한 양국이 쉽게 정권에 따라 영향을 받지 않을 것입니다.

___ 임가공 분야에서 동남아시아 국가들과 비교했을 때 북한의 경쟁력은 어떤가요?

= 의류 임가공은 동남아 국가들보다 가격, 품질 경쟁력이 충분합니다. 물류 기간도 훨씬 짧기에 더 경쟁력이 있으며, 향후 평양에서 개성을 통해 서울로 직접 육로로 이동한다면 금상첨화일 것입니다. 의류만 본다면 우리나라의 대기업들은 봉제나 신발 사업 등으로 허허벌판에서 일어난 것 아닌가요. 우리 한민족이 손재주가 좋고 두뇌가 비상해요. 이해도도 빠르죠. 베트남, 미얀마 등은 한국 기술자를 상주시켜도 사고가 납니다. 주로 품질 사고죠. 수준 차이가 있어요. 동남아는 이해도도 그렇지만 가격 면에서도 북한보다 비쌉니다. 그리고 물류 기간이 길어요. 미얀마는 편도 한 달을 잡아야 합니다. 미얀마 사태 등 정치적으로 불안정한 요소도 있고요.

___ 장래에도 북한의 인건비가 경쟁력이 있다고 보시나요?

= 향후 장래에도 동남아 인건비 상승 속도가 북한보다 빠를

것으로 예상합니다. 그렇기에 남북 관계가 정경 분리 원칙 하에서 안정화만 된다면 앞으로 몇십 년간 북한의 인건비는 충분히 경쟁력이 있습니다. 미래의 이야기일 수도 있지만, 개성공단을 더 활성화해서 거기에 미국 기업이나 중국 기업처럼 국제 기업들을 입주시키는 것이에요. 그러면 북한에서도 쉽게 공단을 폐쇄하는 결정을 내릴 수 없을 겁니다. 제가 보기에는 북한 근로자들의 현재 임금은 예상컨대 500달러 정도도 비용이 들어가지는 않을 거예요. 개성공단에서 각종 수당을 포함해 마지막에 아마 약 200달러 정도 됐을 것이고, 또 거기에 조금 더 플러스된다 하더라도 500달러까지는 안 되었을 것으로 봅니다. 개성공단이 그만큼 경쟁력이 있었다는 것이고, 그만큼 한국 기업들이 수익을 많이 냈다는 이야기입니다. 우리는 개성에서 생산해 인천 등을 통해 바로 수출도 가능하고, 내수는 트럭으로 한두 시간이면 개성에서 서울로 내려올 수 있죠. 중국이나 동남아 등 해외에서 직접 제조 공장을 운영하는 분들도 직접 겪어 본다면 북한 근로자들이 훨씬 더 성실하고 책임감도 강하고 이해도도 높다고 인식할 것입니다.

그러나 5·24조치 이후 10여 년이 지나고 있는 지금, 혹여나 남북 관계가 복원되고 경협이 재개된다 해도 어느 기업이 예전처럼 북한 사업을 할까요? 신뢰가 무너졌고 기업들에 다시 신뢰를 받으려면 상당한 시간과 노력이 필요할 것입니다.

▭ 끝으로 남북 경협 사업을 준비하고 있는 이들에게 해 줄 조언이 있다면요?

▬ 글쎄요. 솔직히 지금 시국에서 바보가 아닌 이상 누가 남북 경협을 생각하고 꿈을 꿀까요! 과연 이런 말이 피부에 와닿을지도 의문입니다. 너무 많은 시간이 지났기에 이 간극을 메우는 게 쉽지 않을 거예요. 그래도 우리에게는 북한이 절대적으로 필요합니다. 기업들이 가격 경쟁력을 더 강화할 수 있기 때문이죠. 경제와 한반도의 평화와 안정을 위해서도 남북 경협은 꼭 필요합니다. 만약 대북 사업을 하게 된다면 같은 민족, 같은 언어를 사용한다고 하여 쉽고 만만하게 생각해선 절대로 안 됩니다. 한마디로 비즈니스 측면에서 냉철하게 계획하여 실행해야 해요. 단순히 감상에 젖어 있거나 감정을 너무 내세우면 안 될 것입니다. 중국이나 베트남에 진출하는 것처럼 사전 준비를 철저히 해야 합니다. 자기 업종에 대해 북한에서 교역했을 때 장점이 무엇이고 또 애로사항이나 상대적으로 어떤 단점이 있는지 등을 철저하게 파악할 필요가 있어요. 그 후에도 가능성이 있다고 충분히 느꼈을 때 시작해야 합니다.

인터뷰를 마치고

　정태원 대표는 인터뷰에서 남북 경협의 발전과 활성화에 필요한 네 가지 사항을 지적하였다.

　첫째, 그는 의류 분야의 경협은 세계 최고의 경쟁력을 확보할 수 있으며 중국이나 동남아시아와 비교하여도 압도적인 경쟁력을 갖고 있다고 진단했다. 다만 이를 구현하기 위해서는 반드시 보수, 진보 정권 상관없이 철저한 정경 분리의 원칙이 적용되어야 한다고 했다.

　둘째, 그는 생산품의 완성도를 높이기 위해 중국 단둥에 완성 공장을 설립하여 운영하였으며, 이것은 통일부와 남북교류협력지원협회에서도 이를 중시하여 담당 직원들을 견학시킬 정도의 모범 사례였다. 그러나 남북 경협 피해 보상 시 단둥 완성 공장은 피해 사례로 인정받지 못하였으며, 이는 부당한 처사라고 정 대표는 지적하였다.

　셋째, 그는 지난 개성공단 중단 사례에서 보듯이, 보다 안정적인 남북 경협 기반의 환경 조성이 필요하다는 지적이다. 예를 들어 국내 남북 접경지에 제2 개성공단을 조성하여 북한 근로자들을 일하게 한다면 남북 경협을 보다 안정적으로 수행할 수 있을 것이라는 희망을 내비쳤다.

　넷째, 그는 남북 경협을 수행하는 사업자에게는 자기 전문 영역에서 경험을 축적하고 철저하게 사전 준비할 것을 주문하였다. 그 자신도 10년 이상의 직간접 경험과 철저한 사전 준비 덕에 사업을 시작한 후 큰 어려움을 겪지 않고도 조기에 흑자로 전환할 수 있었으며 매출도 급상승할 수 있었던 것이다.

정태원 대표의 남북 경협 사업은 경영의 측면에서 몇 가지 의미가 있다.

우선 의류 위탁 가공의 교과서로 불릴 정도로 철저한 사전 조사와 충분한 준비 기간을 거쳤고, 3년 만에 위탁 가공 업계 최고 수준인 150억 원의 매출을 달성했던 점을 높게 평가할 수 있다.

다음으로 2008년에 리스크 분산과 사업 관리의 효율성을 위해 동남아시아 생산을 주 사업 영역으로 하는 지피월드를 설립했던 점도 높이 평가할 수 있다. 대부분의 남북 경협 기업들이 5·24조치 이후 사실상의 폐업 상태로 내몰린 것에 비해 정 대표 회사의 경우 수익과 매출은 상당히 줄었으나 사업은 지속될 수 있었다.

북한 노동자들의 임금(제반 경비 포함)은 국내 대비 20퍼센트에 불과하고 고학력의 젊은 인력이 많아서 경쟁력이 높지만, 마감에서 부족한 측면이 있다. 단둥 완성 공장은 제품 검수와 마감 공정에서 큰 역할을 하여 품질의 완성도와 가성비 모두를 잡을 수 있었다. 또한, 공정의 90퍼센트 이상을 차지하는 재단과 봉제는 북한에서 수행하였기에 북한산으로 인정받았고 국내 반입 시 무관세 혜택도 받을 수 있었다. 이에 더하여 북한 근로자들의 책임감, 신뢰성 등을 고려한다면 남북 경협이 재개될 시 현 상황에서도 세계 최강의 섬유산업을 일으킬 수 있다는 것이 정 대표의 자신감이다.

4장

남북 상생과 생태공동체 모델을 만들자

북한 천연기념물, 강서약수를 상품화한

김영미 바로텍 대표 (전 대동무역 전무)

인터뷰를 준비하며

김영미 전 대동무역 전무는 노동 운동에 오랫동안 참여하였으며 대동무역에서 남북 경협을 시작한 것은 1990년대 말이었다.

대동무역은 경협 초기에 들쭉술 등 주류를 들여오기 시작하였고 점차 곡물류와 건강 보조 식품, 송이버섯 등으로 품목을 확대하였다. 북한이 천연기념물 제56호로 지정한 강서약수*에 '강서청산수'라는 브랜드를 붙여 남한에 들여왔고 현지에 PET 병입 공장을 설립하기도 했다.

사업이 본격화된 지 얼마 되지 않아 북한이 남한의 금강산관광 중단에 대한 대응 조치**를 실시함에 따라 생수 반입 사업에 어려움을 겪었다. 2010년부터는 남한의 5·24조치로 인해 강서청산수

---

* 강서약수는 남포시 강서구의 약수리에 위치해 있다. 북한에서는 천연기념물 제56호로 지정되어 "국보 약수"로 불린다. 강서약수터는 요양 기지로, 약수 생산 기지로 훌륭히 꾸려져 있다. 강서약수는 강서약수(구약수터)와 청산약수(신약수터)로 갈라져 있다. 오래전부터 자연적으로 솟아나오는 것이고 나머지는 1960년에 탐사하여 찾아낸 것이다. 강서약수는 주기적인 가스 폭발과 함께 나오고 청산약수는 물 압력이 세다. 강서약수는 산성 계열이고 철분이 들어 있으며 탄산이온이 많으므로 소화기 계통의 병 치료에 널리 쓰이고 있다. 소화관의 분비 및 흡수, 운동 기능을 높이고 담즙 형성 및 배설을 촉진하며 오줌 양을 늘리고 요로 계통에 생긴 돌의 배설을 촉진한다. 또한 물질대사를 개선하고 조혈 기능을 높이며 상기도의 점액을 배출하는 작용을 촉진한다. 만성 저산성 위염, 위십이지장 궤양, 만성 소대장념, 습관성 변비, 만성 간염, 만성 간담도염, 동맥 경화증, 비만증, 당뇨병, 통풍, 고뇨산혈증, 2차성 빈혈, 신석증, 요로 계통의 만성 염증, 만성 상기도염 및 기관지염, 규폐증 등에 쓰며 온욕 형태로 만성 심장 기능 부전, 식물 신경 부조화증 등에 쓴다.

** 12·1조치로 남북 간 육로 통행 제한 등을 담은 북한 측 제재 조치로 2008년 12월 1일부터 시작되어 2009년 8월경 해제됐다.

의 반입이 전면 중단되었다.

한편 김영미 전무는 대동무역 대표와 투자자의 갈등 때문에 대동무역을 떠날 수밖에 없었고 그 뒤 통일통을 설립해 사업을 진행하였으나 사업이 본궤도에 오르기 직전 5·24조치로 인해 좌초되었다.

김영미 전무를 인터뷰한 이유는 세 가지이다.

첫째, 북한이 천연기념물로 지정한 강서약수를 상품화하여 국내에 반입했다는 상징성 때문이다. PET 병입 공장에 투자한 일종의 남북 합작 생산이라는 점도 고려되었다.

둘째, 김 전무가 특유의 열정과 긍정 마인드로 사업을 전개하여 다양한 난관과 걸림돌을 해결해 나갔다는 점이다. 특히 북한 대방(파트너)과의 상호 신뢰를 기반으로 소통과 설득으로 문제들을 해결해 나간 모범 사례라는 의미가 있었다.

셋째, 노동 운동가, 사회단체 활동가 출신으로서 통일에 기여하겠다는 의지를 갖고 남북 경협에 참여했으면서도 상품의 품질, 물류, 리스크 관리 등에서 전문 경영인으로서의 면모를 보였다는 점이다.

― 인터뷰에 응해 주셔서 감사합니다.

═ 제 나이가 60이 훨씬 넘었습니다. 남북 경협이 다시 본격화된다고 하더라도 최소 일 년 정도는 더 시간이 걸릴 터인데 그때는 한 살 더 먹는 것이죠. 제가 남북 경협 사업에 큰 매력을 느끼고 있다 할지라도 다시 할 수 있을지는 사실 의문입니다. 제가 남북 경협의 전성기 10년과 그 이후의 어려웠던 10년을 겪으며 경험한 희망과 사랑, 고통, 분노 등을 후배들에게 전달하고 싶습니다. 후배들이 남북 경협의 길을 가는 데 조금이라도 도움이 될 수 있도록, 실패를 덜 경험하도록 기여했으면 합니다. 또한 과거 남북 경협의 기록을 남기고 연구하는 것은 반드시 필요하고, 또 이어져야 한다고 생각합니다. 최대한 제가 아는 걸 말씀드리고 싶어요.

저는 노동 운동을 했고, 대북 사업을 했습니다. 이후 이명박,

박근혜 두 정권을 겪으면서, 유리상자 안에 갇힌 사람처럼 살았어요. 오늘은 제가 왜 경협 사업을 결심하게 되었는지, 어떤 가치를 두고 하게 되었는지, 또 실제 사업 과정에서 나타난 문제들과 성과들, 제가 경험한 수많은 교훈을 말씀드리고 싶습니다. 아울러 경협 과정 속에서 제도나 국가 권력으로 인해 나타난 문제점들을 말씀드리겠습니다.

— 언제, 어떠한 계기로 남북 경협 사업을 시작하게 되었나요?
＝ 1999년부터 경협 사업을 시작했습니다. 그 이전에는 민주노총의 중앙 간부로 일했어요. 대동무역은 1996년에 장기수 선생님이었던 한 분이 남북 경협을 하려고 만들었어요. 그때 저는 장기수 후원을 하고 있었죠. 이분이 들여오는 북한 술의 대표 상품이 들쭉술이었어요. 강계 머루술, 강계 포도주 등도 들여왔는데 판로를 찾지 못하고 있어서, 민주노총 간부로서 2년간 민주노총에서 판매를 도와드렸죠.

그 후 1997년 대선에서 최초로 권영길 노동자 대통령 후보의 캠프인 국민승리21 조직국장으로 일했습니다. 선거 이후 캠프를 해산한 뒤 저는 노동 운동을 그만두게 되었죠.

저는 남은 인생을 통일 운동에 기여하겠다고 결심했습니다. 그러면 어떻게 통일 운동을 할 것인가 고민했죠. 통일 운동 단체에서 활동하는 방법 등 여러 가지가 있었는데, 저는 3년 동안 북한 물건을 취급했던 경험이 있었기에 그쪽 방면에서 사업을 계속하는 것도 통일 운동에 질적으로나 양적으로 기여할 수 있겠다고 판단했습니다. 그래서 대동무역 사장님에게 제안을 드렸어요. 우리의 반쪽인 나라에 가 보고 싶고, 그들의 생활 문화를 알고 싶고, 또 그것을 남한에 전달할 수 있다면 좋겠다고 말씀드렸습니다.

— 대동무역 입사 이후 초기에 어떻게 사업을 진행했나요?

= 1999년 5월 1일 입사해 처음에는 대리로 시작했습니다. 그 후 3개월 만에 전무가 됐지요. 입사 당시 회사는 연 매출이 1억 원 정도였어요. 직원이 한 명 있었고, 보증금 800만 원에 월세 120만 원짜리 지하 사무실(부산)에서 사업을 하고 있었습니다. 저는 당시 경기도 고양시 덕양구에서 살고 있었는데, 고양에서 부산으로 일주일에 세 번 출퇴근했습니다. 1999년 당시는 국내 물류 산업에서 화물은 발전되어 있었지만, 택배가 일상화되어 있던 시절은 아니었어요. 주류는 택배 초기 단계라 취급하지 않는 위험 물품이었죠. 술을 차에 실어 전국연합이나 민주노총 산하 단체에 행상하는 형태로 사업을 진행했습니다.

창고에 물건(재고)이 쌓이지 않을 정도로 판매력을 키우는 것이 1차 목표였습니다. 한 컨테이너가 들어오면 단기간에 그걸 다 파는 것이 목표였던 시절이었죠. 일주일에 세 번씩 부산을 넘나들면서 일 년 만에 창고를 비울 수 있는 상황이 되었어요. 정말 열심히 일했습니다.

그러다 1999년 추석 무렵 의외의 성과를 거두었어요. 추석 장사로 얻은 수익으로 충북 음성에 대지 890평 밭을 사게 된 것이죠. 제가 5월 1일 취직했는데 일 년이 채 안 되어 이듬해 4월 890평의 땅을 사고, 그곳에 층 높이가 상당히 높은 100평짜리 2층 공장을 지었습니다.

주류에서 곡물과 생수까지, 전방위적인 경협 루트 발굴

— 당시 북한 물품은 어떻게 들어왔나요?

═ 당시 팔고 지불하는 외상 조건*으로 우리가 요청하면 두 달이면 북으로부터 상품을 받을 수 있었습니다. 컨테이너에 적재해 직항으로 인천항이나 부산항으로 들어왔죠. 우리는 다 직항으로 들여왔어요. 대동무역은 대북 사업 외 다른 사업은 일절 하지 않았죠.

— 초기에는 어떤 상품들을 주로 반입했나요?

---

* 이른바, 위탁 판매 형식이라 할 수 있다. 일반적인 무역 거래에서 선금을 치르지 않는 외상 형식의 위탁 판매 거래는 상당한 수완과 신뢰성이 보장되지 않고서는 거래가 성립되기 어렵다.

= 초기에는 주류만 들여왔는데, 이것만으로는 사업이 성장할
수 없다고 판단하여 곡물 반입을 모색했습니다. 북한 물품은
내국 거래라 무관세 혜택이 있었죠. 국내 가격을 조절하고 안
정시키기 위해 반입하는데, 그 물건은 100퍼센트 유통공사(현재
의 한국농수산식품유통공사)로 들어가게 됩니다. 당시 우리가 가장 많
이 들여왔던 것은 녹두였어요. 녹두를 연간 3천 톤씩 들여왔고,
들깨도 반입했죠. 들깨는 통일부에서 쿼터*를 배정받아 20톤씩
반입했습니다.

그리고 북한의 만년제약에서 만든 경옥고, 인진고, 산딸기꿀
등을 반입했습니다. 만년제약에는 상당히 우수한 제품들이 많
았어요. 건강 보조 식품들을 합법적으로 승인받아 반입했죠.
사업 영역이 건강식품 분야로 확장된 것이었어요. 이후 상당히
활발해져 전국 백화점 등 안 들어간 곳이 없을 정도였습니다.
2002년에는 백화점 특판에 나서기도 했어요. 그때부터 우리는
강서약수를 들여오기 시작했습니다. 강서약수는 북한에서 천
연기념물로 지정되어 있는 귀한 생수였어요.

__ 당시 북한의 사업 파트너는 어디였나요? 또한 어떤 방법으

---

* 수입 쿼터(import Quota) 또는 수입 할당제라고 한다. 정부가 국내 산업을 보호하기 위한
보호 무역 정책의 일환으로 실시하며, 특정 품목이나 국가의 수입 총액을 제한하는
방식이다.

로 소통했나요?

═ 인천에서 페리를 타고 단둥으로 갔습니다. 당시 단둥 민경련에 전 대표라는 분이 있었어요. 전 대표는 상당히 엄격하다고 소문이 났는데, 제게는 편히 대해 주셨어요. 그래서 제 포부를 이야기했더니 이력서를 제출해 달라고 하더군요. 제 이력서는 너무 단순했어요. 초등학교 중퇴한 것과 민주노총에서 노동운동을 한 것이 전부였으니까요. 그 자리에서 써서 제출했더니 전 대표가 저에게 '투사시구먼요.' 하는 것이었어요.

저는 앞으로 교역을 하며 북한 물품을 진실하게 우리 남한에 알리는 데 기여하고 싶고, 그 과정에서 수익을 얻고 싶다고 이야기했습니다. 그러니 전 대표가 '돈은 당연히 벌어야지요.'라면서 먼저 북한의 이런저런 물품을 판매해 보면 어떻겠냐고 제안했습니다. 다른 남한 사업자들이 북한에 물건을 달라고도 하고, 회사 소개나 사진을 달라고 해도 안 줬다고 들었는데, 저에게는 북한이 자랑하고 있는 상품의 자료들을 다 주셨어요. 실제 우리는 제품 생산 과정 등 상품 관련 자료를 다 받았죠.

▬ 그러한 과정을 통해 어떤 상품을 반입하게 되었나요?

═ 당시 곡물을 반입해야 수익이 된다는 이야기를 많이 들었습니다. 곡물은 반드시 유통공사에 납품하게 되어 있어요. 그당시 제가 통일부나 유통공사를 찾아가 비교적 상세하게 배울

수 있었습니다. 그 덕에 우리는 곡물 사업에서도 거의 실패를 하지 않았습니다. 곡물 사업에 실패하지 않았던 것은 북한으로 부터 먼저 1킬로그램 정도의 샘플을 받았기 때문이었죠. 이 샘 플로 발아율 등 사전 검사를 해서 통과가 된다고 확신했을 때 시작했습니다. 다른 남한 분들은 들깨, 녹두가 싹이 터서 오거 나 썩어서 왔다고 했는데 우리는 그런 것이 없었어요.

당시 우리는 남포항과 인천항 간의 물류 시스템을 운영하는 국양해운을 이용해 물건을 주로 들여왔는데, 배가 매일 들어오 는 게 아니라 물량이 배에 차야 들어오는 방식이었습니다. 물 량이 많지 않았던 시기라 어쩔 수 없었죠. 때문에 한 달 정도 있다가 곡물이 들어오는 경우 여름에는 싹이 날 수밖에 없었어 요. 그것이 사업의 리스크 요인이었죠. 당시 사업 과정에서 발 생할 수 있는 모든 리스크 요인들을 굉장히 꼼꼼하게 살피며 진행했습니다.

— 물류 과정에서 리스크를 어떻게 줄여 나갈 수 있었나요?
＝ 저희는 북한 단둥 대표부에 매일 전화할 수 있었습니다. 단 둥 대표부 역시 북한 공급자에게 매일 연락이 가능했어요. 그 렇게 서로 연결되어 있었죠. 그런 과정을 통해 출발일에 맞춰 물량을 선적하면 천재지변이 없는 한 문제없이 진행되었죠.

리스크 관리는 매우 디테일해야 합니다. 주류 같은 상품은 출항 지연이 전혀 문제가 아니지만, 곡물은 결정적인 영향을 받기 때문이죠. 북한에 사전에 이러한 리스크가 있으니 반드시 출항 전 미리 예약을 하고 안전한 곳에 보관하다가 일정에 맞추어 선적해 달라고 요청했습니다. 이렇게 북한의 책임하에 관리하도록 했습니다. 이런 식으로 리스크 요인을 분산시킨 것이죠. 북한이 책임져야 될 영역을 명확히 하고, 책임과 역할의 분산을 통해 리스크 요인을 줄이려는 노력을 정말 많이 했어요.

정상적으로만 반입되면 곡물 반입은 수익성이 상당합니다. 통상 마진 10퍼센트를 보장해 줬으니까요. 곡물은 기본적으로 규모가 크기 때문에 수익이 상당했죠. 상품이 반입되면 식약청에서 각종 검사를 해서 인보이스하고 검사 결과가 맞으면 다음날 유통공사 창고로 들어가요. 그렇게 유통공사 창고로 들어간 뒤의 리스크는 유통공사로 넘어가게 됩니다. 이 과정을 얼마나 신속하고 저렴한 비용으로 하느냐가 사업의 승패를 가르죠.

경협 성공의 열쇠, 디테일에 승부를 걸어라!

‒ 곡물 이후 또 어떤 상품을 반입하게 되었나요?
= 수차례 사업이 순조롭게 진행되니 북한에서도 능동적이고 적극적으로 사업 제안을 했습니다. 그때 제안 받은 것이 강서약수였어요. 2002년 강서약수를 들여왔는데 당시는 유리병이

었어요. 그런데 설비의 노후로 뚜껑에 녹이 슬거나 병 입구가 깨진 경우도 있었습니다. 이런 문제로 고객들의 민원이 많이 발생했어요. 페트병으로 바꾸자는 요구가 있었죠. 그런 계기로 2002년 하반기부터 강서약수 공장 건립 논의가 있었어요. 당시 경쟁이 치열했죠. 국내 유수의 대기업과 일본 기업이 뛰어들어 사업을 독점하려고도 했습니다.

— 당시 영업은 어떻게 했나요? 대규모 인원이 필요했나요?
= 사실 영업은 거의 제가 혼자 했기 때문에 직원이 많이 필요하지 않았습니다. 실무도 거의 제가 도맡아 했죠. 주류도 술집이나 일반 매장보다는 제가 민주노총 출신이다 보니 거의 매출의 90퍼센트를 NGO를 통해 할 수밖에 없었습니다. 곡물은 유통공사로 전량이 넘어가니 상관없었고요.

— 주류의 포장이나 디자인 같은 부분은 국내와 비교하면 어떠한가요?
= 아무래도 자본주의 상품 포장보다 못했죠. 포장보다는 내용물에 중심을 두고 있기 때문이었어요. 하지만 내용량도 일정치 않았던 적이 있었고 법적 조치를 받은 적도 있었습니다. 전력의 불안정성과 같은 문제가 있어 정확도를 기하는 데 상당히 한계가 있었던 것이에요. 건강식품의 경우, 인허가나 위생 승

인 등의 절차가 매우 엄격했기 때문에 그 부분에 문제가 없도록 정말 많은 노력을 기울였습니다.

— 강서약수의 사업권 경쟁이 치열했다고 했는데, 어떻게 사업권을 확보하게 되었나요?

= 단둥 대표부에 공문을 보낸 적이 있습니다. 거의 협박을 했던 셈인데, 나중에 아주 유명한 사건이 되었죠. 당시 저는 '대동무역은 비록 돈은 없지만 단 한 번도 돈만을 위해 대북 사업을 한 적이 없다. 돈을 벌어야 되겠다는 목적만 있었던 것이 아니라 남한 동포들에게 우리의 반쪽인 북한의 모습을 보여 주려는 신념과 의지를 첫째로 삼고 사업을 해 왔다. 북한 상품의 진실한 가치를 알리려고 헌신해 온 우리를 저버린다면 아무도 북쪽을 믿지 않을 것이다. 그래서 마땅히 우리가 해야 한다.'는 내용의 공문을 보냈고 그게 민경련 대표부로 들어갔습니다.

몇 년 후 강서청산수 공장 완공 시 당시 민경련의 김 대표를 만났는데, 그는 제가 보낸 팩스를 다 기억해 내면서 북한 경제협력단 사람을 다 모아 놓고 교육해 달라고도 했습니다. 저는 '포장이 우리와 다르고 포장 글씨가 다른 것은 아무런 문제가 아니다. 단 내용물의 안전성, 청결성 부분에서 신뢰를 주는 것이 첫 번째 약속이고 기준'이라고 강조하며, 개선 사항을 제시하고 그것을 위한 물품들을 보내 주었습니다.

＿ 당시 대동무역의 북한 파트너는 누구였나요? 북한 파트너
와는 어떻게 협의를 진행했나요?

＝ 북한 파트너는 민경련이었고, 직접 사업 당사자는 개선무
역총회사였습니다. 2003~2004년경 단둥 대표부는 오 대표로
바뀌었어요. 2003~2004년경 강서약수 협의를 위해 금강산에
갔지요. 최초로 육로가 열렸을 때였습니다. 저는 페트 공장 건
설이 처음인지라 기술자를 수배해 같이 가려 했는데 뜻밖의 일
이 벌어졌어요. 기술자가 통일부 방북 교육*도 다 받았는데 올
라가는 당일에 전화도 안 받고 나타나지 않는 것이었어요. 후
에 일 년 만에 만났는데 온 가족들이 북한에 가면 안 된다고 울
고불고 말려서 못 갔다는 것이었습니다.

공장을 짓는 게 보통 일이 아니었습니다. 물을 용출하고 물
길을 만드는 기초 공사는 북한이 해 주었죠. 그리고 우린 1,000
평짜리 페트 병입 공장을 지어 2006년 준공식을 했습니다.

＿ 공장 건설은 남한이 책임지고 했나요?

＝ 건자재는 남한이 공급하고 공사는 북한이 했습니다. 공장
을 건설할 때 H빔이나 샌드위치 판넬 같은 건자재들이 북한 현
장으로 많이 올라갔어요. 대형 트럭 48대가 건자재를 싣고 올

---

* 통일부에서는 최초로 북한을 방문하는 국민을 대상으로 방문 시 주의해야 할 점 등의
  내용을 담은 방북교육을 의무적으로 실시한다.

라가는데 개성 봉동역에 물건을 하역하면 북한에서 현장까지 운반했죠. 트럭 운전자 48명에 대한 방북 교육을 해야 하는데 하루를 시간 내어 교육받으면 하루 급여를 줘야 하는 등 비용이 많이 발생할 수밖에 없었어요. 그래서 아이디어를 내 통일부를 설득해 통일부 직원이 개성 가는 입구인 도라산 CIQ로 6시에 나와 교육을 해 달라고 했습니다. 겨우 통일부를 설득해 개성으로 운송하는 당일 운전자 48명을 대상으로 현장에서 방북 교육을 하게 되었죠.

— 당시 물류 비용이 상당했을 것 같습니다.

= 국내 물류 회사 한 곳에 견적을 내 보니 수천만 원이 나오더라고요. 그래서 예전 민주노총 당시 알고 지내던 화물연대와 협상해서 저렴한 비용으로 처리했습니다. 화물이 부산에서 출발하는 것이라 탄현역 근처 모텔에서 숙박하고 5시에 일어나 6시에 도착했어요. 남한에서 간 운전자들을 데리고 개성 봉동역 인근 공터에 하역한 뒤, 개성공단에서 식사하지 않고 북한 식당인 개성 자남산여관에서 식사하고 남으로 돌아왔죠.

— 당시 물류를 독점하고 있던 국내 물류 회사와 갈등은 발생하지 않았나요?

= 국내 물류 회사의 입장에서는 물류에서 매출도 내야 하고

식당에서도 매출이 나와야 하는데, 우리는 식사도 북한 식당에서 하고 화물도 개별 화물로 처리했으니까 좋아할 리가 없었죠. 그때 북한에서 정말 융숭하게 대접을 받고 돌아왔습니다. 우리 대동무역만이 가지고 있는 추억입니다.

— 공장 건설 시 북한에 합영 기업을 설립했나요?

= 북한 개선무역총회사와 우리 대동무역주식회사가 합영 회사를 설립했습니다. 생산 관리는 개선무역총회사가 하고 국내외 판매 영업은 대동무역에서 하는 것으로 역할을 나누었죠. 대동무역은 건자재와 생산 설비를 현물로 투자했고, 기초공사, 설비 조립과 노동력은 북쪽에서 제공했어요. 별도로 현금은 투자하지 않았죠. 지분은 별도로 정하지 않았고 독점권을 주고 생수를 얼마에 주겠다는 식이었습니다. 예를 들어 병당 500원씩에 물을 주겠다는 식이죠.

— 공장 건설은 순조롭게 진행되었나요?

= 그렇게 공장을 건설하는 데 투자 액수가 점점 늘어났습니다. 공장 설비를 새것으로 들여가면 거의 100억 규모가 들어가는 셈이었죠. 프레이트 칩, 브로잉 머신 기계, 병 만드는 성형기, 물 담는 자동화 시스템, 20개씩 박스에 담는 자동 포장 시스템까지 전부 들어갔어요. 우여곡절 끝에 비용을 많이 절약해서

공장을 다 지을 수 있었어요. 첫 협상에서 생수가 생산되기까지 3년이 걸렸어요. 그 과정에서 있었던 이야기들은 이루 다 말할 수가 없어요. 2006년 7월 31일 고려항공(북한의 민간 항공사) 전세기를 띄워 김포공항에서 우리 측 56명이 준공식을 위해 현장으로 갔습니다. 그런데 3월과 7월은 한미 연합 군사 훈련이 있는 때이기에 남북 관계가 긴장되어 있었어요. 이 때문에 북한에서 준공식을 할 수 없다는 것이었어요. 제가 개성에 가서 이틀을 설득해 겨우 준공식을 할 수 있었어요.

세세한 부분까지 놓치지 않은 북한 사업자와 노동자들

— 당시 투자금은 어떻게 조달하였나요?

= 제가 약 10억까지는 개인적으로 융통하여 조달했는데 대출도 안 되고 통일부 남북 협력 기금도 개성에 한정되어 있어서 사용할 수 없었어요. 우리 현장은 평양에서 26킬로미터 떨어진 곳이었습니다. 개인적으로 투자받을 수밖에 없다는 판단으로 사업 계획서를 가지고 여러 곳을 찾아다니다가 최종적으로 결정된 파트너가 C회사였습니다. C회사가 30억 원을 일시불로 투자해 줬어요. C회사가 자본을 대고 대동무역은 그동안의 사업 경험과 가치를 제공하여 50:50으로 대동두하나라는 합작 회사를 만들었습니다. 제가 대동무역 전무이사와 대동두하나주

식회사의 전무이사를 겸직했어요.

＿ 강서청산수의 생산 현장에 남한 기술 인력이 상주했나요?
＝ 우리 장비가 갔으니 설비 기술자가 들어가야 했어요. 두 달
동안 계획을 세우고 통일부 승인을 받아 설비 기술자 세 명이
현장에 들어갔죠. 이들이 북에 갈 때 북한에 가면 굶을 줄 알고
컵라면, 라면 등을 잔뜩 사 가지고 갔어요. 우리 기술자들도 고
생을 감내할 각오를 단단히 하고 간 것이죠. 그런데 북한에서
이분들을 위해 좋은 식사, 빨래, 쾌적한 주거 환경을 제공해 주
었어요. 두 달 동안 설비 세팅을 마치고 시운전과 기술 전수도
마치고 돌아왔죠. 돌아올 때는 북한 분들과 정이 들어 서로 눈
물을 많이 흘렸다고 전해 들었습니다.
　그 이후 평소 생산 시에는 북한에 기술을 전수했으니 굳이

강서청산수의 생산 공장
현장

166

상주할 필요가 없었어요. 현장 자체는 북한이 관리한 것이죠. 우리는 설계와 시험 운전할 때까지만 관리했고, 신뢰에 기반하여 북한이 잘 관리하고 생산해서 무리 없이 나올 거라는 점을 알았기 때문에 나머지는 북한에서 관리했습니다.

— 남한에서 강서청산수의 사업 주체는 대동두하나인가요?
= 그렇습니다. 북한과의 계약 주체는 대동무역이지만 강서청산수의 국내 판권은 대동두하나가 100퍼센트 가지고 있었어요. 그리고 2006년경에 우리가 송이버섯 독점 계약을 했어요. 독점 계약을 하면서 2억 원 상당의 냉동 탑차 열 대를 먼저 보내 줬어요. 송이버섯은 9월부터 출하가 시작되는데 5월에 계약금을 선입금했죠. C회사에서 20억 원을 추가로 투자받아 투자금은 총 50억 원이 되었습니다.

육로 운송을 맡았던
냉동 탑차들

— 송이버섯 사업은 어떻게 진행되었나요?

= 완공식을 2006년 7월에 했고 9월에 송이버섯이 들어오는데
이 과정에서 문제가 발생했습니다. 당시 송이버섯은 세 방법으
로 들어왔어요. 원산항에서 속초항까지의 해로, 그리고 금강산
이나 개성 등으로의 육로, 또 순안공항에서 김포공항으로도 왔
습니다. 송이는 신선도 때문에 전날 딴 것을 밤새 와서 새벽에
받아야 해요. 그 전까지 아무도 해 본 적이 없는 일이었죠. 공
무원들도, 우리도 해 본 적이 없는 전혀 새로운 길을 만들어 간
것이었습니다. 인보이스 패킹 리스트 외에 나머지 모든 절차는
전례가 없어 새로운 사례를 만들 수밖에 없었습니다.

우리 대동두하나 직원 중 한 명은 개성으로 통관하러 가야
하고, 다른 한 명은 김포공항으로 가야 하고, 또 한 명은 속초로
가야 했습니다. 속초항에 새벽 6시에 도착하면 통관은 9시부터

북한산 송이버섯

168

시작하는데, 북한 사람들은 배에서 내릴 수 없고 배에 있어야 했어요. 하역 통관을 위해서는 제가 배에 올라가야 하는데 못 올라가게 해서 세관장하고 싸워 다음 날부터는 제가 배에 올라가서 선원들을 만날 수 있게 됐어요. 그렇게 세 시간을 기다리고 9시부터 통관을 했습니다.

문제는 또 있었어요. 송이는 생물이라 남북 간 교역이 국내 거래이지만 훈증* 소독의 절차를 밟아야 했어요. 송이를 상중하로 구분해 아이스백까지 포장한 것을 열고 24시간 소독을 하는 것이죠. 이 훈증 절차 때문에 상품 가치는 떨어지게 돼요. 이 부분은 반드시 개선되어야 합니다. 일본도 송이버섯에 한해서는 훈증을 하지 않아요. 전 세계에서 송이버섯을 훈증하는 나라는 우리(남한)밖에 없어요. 송이버섯은 생식하는데 거기에 독한 소독약을 넣고 훈증하는 건 식약청의 기계적인 논리에서 기인한 것입니다. 이런 규제는 반드시 개선되고 철폐되어야 합니다. 그런데 이 시점에 대동무역 내부적으로 문제가 발생했습니다. 저와 대동무역 대표 사이에 불협화음이 생겼고, 대동두하나의 투자자와 대동무역 간에도 불화가 발생했어요.

— 내부 갈등이 공장 준공 직후부터 시작되었는데, 2006년 이

* 훈증(熏蒸)은 식품에 살균가스를 뿌려 미생물과 해충을 죽이는 방법을 말한다.

후 5·24조치 이전까지 강서청산수는 국내에 들여올 때 어떤 명의로 들여온 것인가요?

= 대동무역 명의로 들여와서 대동두하나가 판매했습니다. 당시 반입 시마다 일부 대금은 투자한 돈에서 감가상각하기로 했는데, 대동무역 대표가 전체 대금을 지불하지 않으면 물건을 안 주기 시작했어요. 마케팅 비용도 10억 원 넘게 들여 강서청산수가 세상에 알려지기 시작했는데 이런 일이 벌어진 것이죠. 갈등이 지속되면서 저는 대동무역, 대동두하나 두 회사 모두에서 퇴직금도 없이 퇴사하게 되었습니다.

__ 강서청산수 공장은 북한에 의해 현재 가동 중인가요?

= 제가 감동을 받은 것이 재작년인가 중국에 있는 북한 식당에 갔는데 강서약수가 거기서 팔리고 있었습니다. 글씨만 중국

강서청산수
북한 공장

170

어로 바꾸고 디자인을 그대로 살렸던 것을 발견했죠. 다행히도 정상 가동하는 것을 알았고, 북한에서 아직 우리를 잊지 않았구나 하는 느낌을 받았습니다.

__ 대동무역과 대동두하나 퇴사 이후 무엇을 했나요?

= 2007~2008년에 친구와 같이 통일통을 만들었습니다. 그는 강서청산수부터 우리 상품과 홍보물을 디자인해 준 열정도 있고 능력도 있는 친구였죠. 이 친구가 북한에 한 번 다녀오고 이 일에 매진해 보고 싶다고 했습니다. 그는 북한의 저에 대한 신뢰와 협상 경험을 이해하고 있었고, 자본은 자기가 투자할 테니 같이 일하자고 하여 통일통을 만들게 되었습니다.

__ 통일통은 어떤 회사인가요?

= 남북문제에 관심이 많은 다섯 명이 함께 주식회사 통일통을 만들었습니다. 그리고 더덕으로 사업을 시작했죠. 대동무역에서 했던 아이템을 더는 하고 싶지 않았어요. 사실 저는 다시 시작하면 할 것이 무궁무진하다고 생각했어요. 그렇게 세팅을 해서 동대문에 사무실을 얻고 통일통이라는 회사로 출발했습니다. 더덕, 잔대, 들깨 등을 다루었죠. 5·24조치 이전까지 사업을 진행했는데, 제 궤도에 오르기도 전에 중단되고 말았어요. 5·24조치 이전까지는 그래도 견딜 수가 있었는데 말이죠.

강서청산수의 경우 5·24조치 이전의 내륙 기업이라 2008년
부터 북한의 12·1조치로 인해 반입이 불가했어요. 극심한 스트
레스를 받은 C회사 대표가 쓰러지고 C회사에서 저에게 손해
배상 청구를 했습니다. 수출입은행도 집을 담보로 한 채무에
대해 5억 9천만 원의 상환을 위한 소송을 해 왔고, 3억 원을 빌
려준 사람도 저한테 소송을 걸었습니다. 어려운 시기였어요.

＿ 교역이나 합영 기업의 계약 과정은 어떠했나요? 간략하게
작성했는지, 아니면 세부적으로 작성했는지 궁금합니다.
═ 우리는 모든 계약서가 석 장이 넘는 게 없었어요. 요구 사항
을 제시하라는데 따로 쓸 것이 없었고, 분쟁이 생겼을 때는 호
상적으로 해결한다거나 국제 분쟁을 해결하는 곳에서 재판을
한다 정도만 넣었습니다.

민족 내부 거래를 일반 교역보다 엄격히 적용한 형식주의

＿ 생수를 처음 들여올 때 위생 검사를 받았나요?
═ 예. 들여올 때마다 했습니다. 보통 생수는 검사받은 게 일
년간 유효하다고 하는데 북한 물건은 그렇지 않았어요. 생수는
북한이 공장에서 컨테이너에 적재한 후 남포항에서 선적해 주
었습니다. 해상에 도착하는 순간부터는 우리의 책임이 되는 것

이죠. 물류 소요 시간은 정확히 기억나진 않지만 그리 오래 걸리지 않았습니다. 비용은 약 850달러 정도였던 것으로 기억해요. 공장이 정상 가동된 이후 생산이 진행되는 동안 월 생산 물량은 500밀리리터 기준으로 100만 병 정도였습니다.

＿ 당시 현장의 전력 사정 등 다른 문제는 없었나요?

＝ 전력 문제는 기술적으로는 잘 모르지만, 특수하게 연결하여 해결한 것으로 알고 있습니다.

＿ 향후 이 사업을 다시 받아올 수 있는 것인가요? 사실 남한 사업 주체가 현재는 없어진 상태 아닌가요?

＝ 북과 다시 대화할 수 있으면 충분히 가지고 올 수 있다고 생각합니다. 우리 공장을 짓고 나서 준공식이 7월 말이었어요. 정원을 꾸밀 시간이 없었죠. 준공식 진행이 일주일 전에 극적으로 타결되었으니 그럴 수밖에 없었죠. 그런데 꽃밭에 꽃을 가득 심어 놓은 것이었어요. 공장을 짓고 있는데 꽃을 미리 심어 놨을 일은 없었을 텐데 꽃이 참 싱싱했죠. 북한 사람이 준공식을 준비하느라고 삼 일 밤을 꼬박 샜다고 하더군요. 왜 그러셨냐고 물으니 그래도 준공식을 하는데 건물 옆에 꽃이 없으면 재미가 없다고 하면서 여름이라 화원에서 옮겨 심으면 다 죽는다면서 밤새도록 꽃에게 막걸리를 먹이면서 살렸다고 하더라

고요. 우리 남한 사람들이 오면 꽃을 예쁘게 보여 줘야 되는데 하면서 그랬다는 것이었어요. 이 정도로 북한 사람들은 진정성도 있고 한번 믿으면 그 믿음을 쉽게 버리지 않았어요. 경협이 재개되면 다시 가져올 자신이 있습니다.

— 이외에 사업 중 기억에 남는 것이 있다면 소개해 주세요.
= 제가 특별 기획으로 추진한 사업 중 성공적이라고 할 수 있는 것이 장뇌산삼 꿀입니다. 제가 이전부터 북한의 천연꿀이나 장뇌산삼에 관심이 있었고 기회가 되면 꼭 반입하고자 했었어요. 그런데 당시 꿀은 다른 첨가물이 없는 순수한 꿀인 경우 반입이 불가능했고, 장뇌삼의 경우에도 여러 이유로 반입이 어려웠습니다. 그래서 저는 이 두 가지를 다 들여올 수 있는 방법을 연구했어요. 천연꿀 920그램에 장뇌산삼을 80그램을 넣어서 꿀과 장뇌산삼을 한 상품으로 들여오는 것이 해법이라고 생각했어요. 그렇게 2007년에 이것을 반입했는데 문제가 생겼어요. 식약청 검사를 받는데 고형 물질은 건져 내고 분석한다는 규정이 있다는 것이었어요. 고형 물질을 건져 내고 추출을 한 뒤 검사를 받으니 99.9퍼센트가 꿀이 되어 반입이 불가능해 반송하게 되었죠.

당시 이 제품을 반입하기 전에 이미 5만 개가 사전에 완판되어 이미 입금까지 다 받은 상태였기에 통관이 안 되면 큰 손해를 볼 수밖에 없었어요. 그래서 또 다시 방법을 강구했는데, 고형분이 아니면서 상품 가치를 높일 수 있는 첨가물로 5~6퍼센트의 송화가루를 첨가하여 반입하기로 했죠. 그렇게 '송화가루 장뇌산삼 꿀'을 반입해서 통관을 하려는데 품목이 '송화가루 장뇌산삼 꿀'이라고 하면 사람들이 장뇌삼하고 송화가루를 먹고 자란 벌의 꿀로 오해를 할 수 있다고 하여 통관이 안 된다고 하더군요. 결국 '송화가루 & 장뇌산삼 & 꿀' 이렇게 해서 통관시켰어요. 여러 어려움이 있었지만 결국 성공시킨 사례이기에 특별히 기억에 남습니다.

— 이런 문제들에 대해 정부나 지자체가 사전에 컨설팅이나 상담을 해 줬다면 훨씬 시행착오를 줄일 수 있었겠습니다.

= 그런 조언 등은 거의 없었습니다. 그래서 이런 비슷한 일들이 많이 발생했죠. 경옥고를 수입할 때도 비슷한 일이 있었습니다. 경옥고는 일반명사로 허준이 만들어 낸 약명인데, 그것을 국내 제약사에서 상표 등록을 해 놨다는 것이었어요. 그것을 모르고 우리가 들여왔는데 상표법에 걸려서 통관이 안 되었죠. 그래서 인천 세관에서 통관시키기 전에 보세 창고로 물건을 옮기고 사람들을 채용해 만 개 정도 제품에 '산천경옥'으로 라벨링을 다시 했던 기억이 있습니다.

제가 만약 남북 경협 실무를 교육한다면 조언과 이야깃거리가 많습니다. 강서청산수도 라벨링을 두 번 했어요. 북에서는 강서약수가 원래 명칭입니다. 처음에 강서약수라는 명칭으로 들여왔어요. 그랬더니 국내법상 약으로 오인될 우려가 있어서 국내 반입이 안 된다는 것입니다. 이름을 바꿔야 했죠. 북한에서는 강서약수가 자신들의 천연기념물이어서 절대 못 바꾼다는 것이었어요. 그것을 겨우 설득해 강서청산수로 바꾸었죠. 또 인보이스를 만들 때 반드시 영문명을 써야 되는데 물은 그냥 워터로 해야지 미네랄 워터는 또 안 된다는 것이었어요. 당시 식약청은 융통성도 없는데다가 매우 비협조적이었습니다.

― 원산지 증명서는 민경련에서 해 주었다고 생각합니다. 한편 북한의 물품이 남한에 왔을 때 평가나 반응은 어땠나요?
═ 말씀하신 대로 원산지 증명서는 민경련에서 해 주었습니다. 북한 제품들에 대해 가격의 여부를 떠나 당시 제 경험으로는 북한산이니 구입해 줘야 한다는 정서가 있었어요. 노동계나 통일 운동 진영에 판매해서 그 덕을 본 측면도 있지요.

또 다른 일화도 있습니다. 대나무 통술이라고 하여 대나무통에 40도짜리 쌀 증류주를 넣은 술이 있었어요. 증류주를 대나무 통술에 담으면 더 맛있어지지요. 두 번인가 들여왔는데 재미있는 것은 마른 대나무는 술을 흡수한답니다. 분명히 500밀리리터를 다 넣었는데 유통하는 과정에서 대나무가 술을 다 흡수해 병을 땄는데 술이 하나도 없는 경우도 있었어요. 더 가관인 것이 우리가 궁리를 하여 술에다가 대나무를 담궈 먼저 흡수시키고 거기에 술을 담아 왔었어요. 그런데 오는 도중 대나무에서 술의 당분이 나와 날파리가 잔뜩 붙어 있는 것이었어요. 정말 여러 공부를 많이 했습니다. 지금은 웃으면서 이야기할 수 있지만, 당시 상황에서는 얼마나 황당했겠어요.

— 사업을 진행하며 불가피하게 편법이나 또는 비합법적인 것들을 해 본 경험이 있나요?

= 우리가 비합법적으로 한 것은 없습니다. 그러면 이 문턱을 못 넘어요.

— 대금 지급과 결제는 어떠한 방식으로 했나요?

= 상하이뱅크에 T/T송금을 했습니다. 기본적으로 달러로 송금했죠. 인건비나 다른 비용 명분으로 송금한 것은 없고, 물 대금만 지급하는 것이었습니다. 그리고 물류는 국양해운에서 맡았으니 물류 비용이 추가되었어요. 송금이나 결제 방식 때문에 어려웠던 기억은 없습니다.

— 대동두하나와 대동무역의 현재 상태는 어떠한가요?

= 대동두하나는 폐업했습니다. 5·24조치로 인한 결과이죠. 그

조치가 아니었다면 어떻게든 강서청산수를 반입해 판매했을 것입니다. 한편 우리는 내륙 기업이어서 5·24조치 이전 이미 2008년 북한의 12·1조치부터 차츰 어려워지기 시작했어요.

정부, 경협인들의 시행착오 줄여주는 데 노력해야

— 사업 시작 후 수익 창출은 어느 시점부터 가능했나요?

= 우리 강서청산수는 수익 창출이라고 할 게 없습니다. 사실상 사업을 시작하는 시점에 그만두게 되었기 때문이죠. 대략 3~4년 동안은 초기 투자로 봐야 하는데 대북 투자 이후 시장에 알리고 홍보하고 배포하는 데 1년이 걸렸어요. 2006년 시범 운영한 뒤 2007년부터 정상적으로 시작했는데, 2008년 금강산에 민간인 피격 사건이 터지고 북한의 12·1조치로 중단된 것이죠. 그 이후에는 12·1조치가 해제될 만하니까 5·24조치로 인해 아무것도 하지 못했습니다. 그러니까 실제로는 1년밖에 못 한 거예요. 본격적으로 홍보하면서 물건 반입을 시작하는데 중단된 거지요. 사실상 한 번의 물량이 들어오고 중단된 것입니다.

— 그러면 2006년 준공 후 공장은 원활하게 운영되었나요?

= 그렇습니다. 현재도 북한에서 판매하고 있으니 그렇게 볼 수 있죠.

＿ 5·24조치가 아니었다면 전무님의 남북 경협 사업은 성공적으로 진행되었으리라 판단하나요?

≡ 예. 그렇습니다. 언제든지 재개된다면 다시 시작할 이유는 충분합니다. 우리는 주류부터 건강 기능 식품, 수산물 등 다양하게 취급했는데, 북한과 원활하게 대화하면서 하나하나 고쳐가며 거의 모든 분야에서 사업적으로 잘 진행되었습니다. 5·24조치로 하지 못하게 된 것뿐이죠.

＿ 남북 경협 사업의 매력이나 장점은 무엇일까요?

≡ 일단 언어가 같고 정서가 같으니 오해의 소지가 적어요. 우리가 70년 정도 떨어져 있었을 뿐이지 기본적으로 같은 민족이 아닌가요. 처음에 좀 삐걱거리기는 했지만 서로 손발이 맞아가는 시점에서 중단돼 버려 너무 안타깝습니다. 결국 남북 경협의 가장 큰 리스크는 정치적인 문제라고 생각합니다.

＿ 그동안 다양한 남북 경협을 경험하셨는데 가장 성공적인 케이스는 무엇이라고 생각하나요? 또는 본인이 직접 하지 않았더라도 남북 경협의 좋은 케이스라고 보는 것이 있나요?

≡ 사실 10년간 한 일이 무척 많습니다. 저는 정치가 개입되지만 않으면 여전히 가장 유망한 사업이 남북 경협이라고 생각합니다. 제 경험에서 북한이 의도를 갖고 약속을 지키지 않거

나 거짓말을 한 적은 한 번도 없었습니다. 통일통을 시작하는 데 모아 둔 돈도 없어 민경련에 전화해서 외상으로 받았어요. 외상으로 들여오고 팔리는 대로 주고 이렇게 했는데, 마지막에 잔금 3천만 원을 못 보냈어요. 회사에 직원은 다섯 명이고 막 사업이 비상하려는데 막혀 버린 것이죠.

사업하면 1년 차는 다 적자예요. 연구 조사하고 세팅하고 영업 거래처 개발하고 이런 단계에서 막혀 버리니 그 길이 안 보이는 거죠. 대동무역에서의 강서청산수 사업으로 인한 부채 문제도 있어서 더 이상 사업을 하기 어려워 청산한 것입니다. 청산하면서 북한에 잔금 3천만 원은 벌어서 갚겠다고 했는데, 오히려 북한에서 사람이 중하지 돈이 중하냐고 했습니다. 나중에 제가 너무 힘들어 절에 들어갔다는 소리를 북한에서 들었는지 민경련에서 전화가 왔어요. 제게 누이라고 했던 북한 인사가 단둥 대표부에 있었는데, 저한테 '채무 같은 거 마음 쓰지 마라. 자기가 훈계 조금 들으면 된다.'고 하는 것이었어요. 하지만 북한 입장에서 3천만 원이면 엄청나게 큰돈이었어요.

— 본인을 힘들게 했던 남북 경협에 대해 말씀하셨는데 만약 다시 남북의 길이 열리면 다시 가실 의향은 있나요?
= 당연히 가 볼 것입니다. 다시 처음 사업을 시작했던 시점으로 돌아간다 해도 저는 남북 경협에 나설 거예요.

ㅡ 개성공단과 비교했을 때 내륙 기업의 장점은 무엇인가요?

= 개성공단은 사업하기 좋은 인프라가 있는 반면 우리가 사업한 곳은 아직 불모지대였습니다. 그렇지만 저는 북한 인사들을 한 번도 남남이라고 생각하지 않았어요. 그곳에 다니는 게 마냥 행복했고 만났던 파트너들이 다 좋았어요. 북한 사람을 만날 때 설렘과 두근거림 등 경협이 저에게 준 선물이 정말 컸습니다.

ㅡ 남북 경협을 준비하고 있는 기업에 조언을 해 주신다면요.

= 제가 남북 경협을 하면서 만난 경협 사업자 중에는 북한 물건이나 인건비가 저렴하니까 사업을 한다는 분들이 있었습니다. 하지만 북한 물건이 무조건 저렴할 것이라는 마인드는 버려야 해요. 자본주의적 경쟁 마인드로만 바라보려고 하죠. 민족 공동체의 가치도 인정할 줄 알아야 하는데, 돈의 논리만 앞세우면서 북을 블루오션으로 보고 경쟁력이 있을 것이라는 환상을 가진 사람은 경협에 적응하기 어렵습니다.

또 하나 명심해야 할 것이 있습니다. 북이 어려우니 내가 뭔가를 줘야 된다는 생각도 문제입니다. 어떻게 보면 아름다운 생각 같지만, 북한은 그런 것을 원하지 않아요. 동등한 둘이 하나가 되어 세계무대에서 승부를 걸어야 진정한 파트너이죠. 북의 입장은 '우리는 동정의 대상이 아니다.'라는 것입니다. 북한의 재능과 우리의 재능을 하나로 모아 원팀을 만들고 경쟁력을 높여 나가겠다는 마음이 있을 때 대북 사업을 결심해야 한다고 조언하고 싶습니다. 그런 전제가 없으면 다 몽상일 뿐입니다. 의욕만 앞서 남북 경협에 진출했다가 난관에 봉착한 이들이 외부에서 해결책이나 방법을 찾고자 한다면 잘못 생각한 거예요. 그것은 자신의 업입니다. 그 원인을 찾는 것은 본인이지 외부 여건이 아니에요.

__ 앞으로 우리 젊은 경협인들이 어떤 사업 영역이나 아이템을 선정하면 좋을 것이라고 생각하나요?

═ 사람들은 북한의 저임금을 강조하고 지하자원에서 경쟁력을 찾는다고 하는데, 그런 부분에 너무 집착하지 말고 함께 시너지 효과를 만들 수 있는 사업 영역을 찾는 것이 필요합니다. 농산물을 수입하겠다는 것도 이제는 시대착오적이라 생각합니다. 북쪽도 이제는 잘 먹고 잘살 권리가 있습니다. 우리가 북과 연합해 우리만으로는 한계가 있는 제조업들을 다시 불러들여 생산하면 중국 시장에서도 경쟁할 수 있을 것이라 생각합니다.

__ 경협 사업을 하시면서 시스템적으로 보완이 필요하다고 느꼈던 부분은 무엇인가요?

═ 수없이 많습니다. 먼저 국가가 주도해 북한 상품에 대해 인

증을 공동으로 하자는 제안을 하고 싶습니다. 그렇게 인증이 되어 국내 유통처럼 수월하게 돌아가야 하는데, 북한 물건은 들여올 때마다 통관, 훈증, 위생 검사 등 형식적 절차들이 많아서 불합리하고 불필요한 일들이 많아요. 내국 간 거래라고 하지만 매번 일반 교역보다도 엄격한 수입 수출 절차를 밟아야 하는 실정이지요.

그리고 북한으로 하여금 우리가 과거의 산업화 과정에서 겪었던 길을 다시 반복하게 하지 말고, 북한을 청정 국가로 발전시킬 수 있는 저탄소 환경 산업 등과 관광, 건강 먹거리 생산 등의 사업을 추진하면 좋겠습니다. 삶의 질을 높이는 먹거리와 문화 관광 콘텐츠들을 공동 개발했으면 합니다. 미래 지향적인 경쟁력을 어떻게 갖춰 나갈 것인가라는 큰 담론을 가지고 문제를 풀어야지, 고사리를 얼마에 가지고 와서 얼마에 팔겠다는 류의 사업은 더 이상 현실과 시대 상황에 맞지 않다고 봅니다.

시혜의 대상 아닌 동등한 입장에서 북한과 상생의 길 찾아야

— 북한이 최근 유엔에 제출한 지속 가능한 국가 발전 목표 리뷰를 참고해서 향후 우리가 북에 사업 제안을 할 때 좋은 모델들이 나올 수 있을 것 같습니다. 그런 모델들을 발굴하는 데 지자체나 공공 영역에서 어떤 지원을 해 주면 좋을까요?

☰ 북한하고 대화할 수 있는 통로가 있어야 할 것입니다. 인적 통로가 있어야 하고, 전문 인력을 양성해야 합니다. 그런데 정부가 북한과 협상해서 이루어진 성과가 거의 없다고 봐요. 그 원인의 하나는 '사고만 치지 않고 오면 된다.'는 안일한 마음과 더불어 제안의 목적성이 없다는 점에 있습니다. 그리고 정부는 북한의 이야기를 귀담아듣지도 않아요. 어떻게 하면 남북이 공동 개발을 할 것인지, 공동 프로젝트와 공동 팀을 만들어 연구할 수 있을지 고민해야 합니다. 그렇지 않고 우리 쪽에서 일방적으로 결정한 것으로 사업을 진행하고자 하면 협상이 안 될 수밖에 없죠. 국제 경쟁력을 갖추고 비록 남북 양 국가 체제지만 세계 무대에서 하나 된 민족으로 나서기 위해서는 우리에게 무엇이 필요한지 연구해야 합니다.

아울러 한반도를 위한 금융 제안을 하고 싶습니다. 저의 몽상일 수도 있겠지만, 5조 원 정도의 국채를 발행해 북한에 제공하자는 것이죠. 예를 들면 저와 같은 기업인들이 북한에 가서 1천만 원어치의 채권을 현금처럼 사용하는 것이에요. 그 재원으로 북의 자원이나 미래 에너지, 발전소 같은 것들을 함께 연구해 산업화하는 것입니다. 남북 상호 간의 윈윈 전략이 될 수 있다고 봅니다.

─ 예를 들어 경기도가 어떤 특정 회사의 제품을 인증하는 경

우 별도의 검사나 검역 절차 없이 국내산처럼 가지고 올 수 있는 방식이 필요할 것 같습니다. 그런 부분의 시스템적 지원도 가능하겠다는 생각이 드네요.

▬ 정부가 나서서 교류하기에 적합한 환경을 만들어 주지 않으면 영세성과 후진성을 면하지 못합니다. 기본 인프라 구성이 필요한데 그것은 국채 발행을 통해 해결할 수 있을 것입니다. 단순히 국가 세금으로 북한에 주는 것도 아니고, 금융권의 참여가 가능하고, 개인도 참여할 수 있죠. 북에 여행을 가서도 채권을 현금처럼 쓸 수 있고 북한 물품을 구매할 수도 있을 거예요. 어찌 보면 통일 펀드의 또 다른 개념인데 북한을 설득하여 합의를 이루면 좋을 것입니다.

━ 5·24조치로 큰 피해를 입으셨는데요. 행정 조치나 또는 이에 준하는 것들로 인해 피해를 입은 기업들에게 정부가 어떤 책임을 져야 한다고 생각하나요?

▬ 먼저 명예 회복이 필요합니다. 5·24조치를 하게 된 원인인 천안함 폭침이 북한의 소행이고, 북한이 천안함을 폭침시킬 수 있는 기술력 보유는 남한과의 경제 협력을 통해 돈이 흘러 들어갔기 때문이며, 그 돈으로 인해 만행을 저지르게 되었다는 식의 논리가 남북 경협 중단의 명분이었어요. 우리 남북 경협인이 북한에 전투력 향상의 기금, 나아가 남한을 공격할 수 있

는 기금을 만들어 주었다는 오명을 쓰고 있는 것이죠. 우리는 우리가 살기 위해 대북 사업을 한 것이지 북을 도와줄 의도도 없었고, 도와주지도 않았습니다. 어느 곳보다 경쟁력이 있었기 때문에, 자본주의 경쟁 룰에 비춰 보더라도 잘할 수 있었기 때문에 진출한 것이었죠. 억울한 누명으로부터 벗어나야 합니다. 또 우리 경협인들의 상처받은 마음에 대한 국가적 차원의 위로가 반드시 필요합니다. 그리고 물질적인 피해 보상도 마땅히 국가가 해야 된다고 생각합니다.

  ─ 경협인들이 제대로 된 보상을 받지 못하는 이유는 법률적으로 정해진 게 없다는 사실에 있다거나, 특별법이든 보상법이든 피해 보상법이든 어떠한 제도적 장치가 필요하다는 의견이 많습니다.

  ═ 문재인 정부 들어와서도 명예 회복이 되지 않았습니다. 공식적으로 5·24조치가 해제하지 않은 것은 명예 회복의 절차를 밟지 않았다는 증거이죠. 보상해 준다고 하면서 평가하고 판단하는 시스템은 없이 자격이 안 되는 사람들이 모여 탁상공론에 의해 보상을 지급하고 있습니다. 그것이 실제 피해자들한테 더 큰 상처를 줬어요.

  예를 들면 대동무역에 자금을 투자한 이들은 대동무역이 사업을 하지 못하게 된 이후 돈을 상환받지 못했고 보상도 없었습니다. 나 같은 사람도 10원도 못 받았죠. 이런 피해자들이 연대해야 된다고 생각합니다. 직접 피해자들이 고발인으로서 나설 수 있어야 해요. 노동자는 노동자로서, 투자자는 투자자로서, 기업인은 기업인으로서 각기 피해자이기 때문에 공평해야 하는데, 기업한테만 보상을 주고 말았어요. 그것도 보상이라고까지 할 수 있는 것도 아니었죠. 지원이라는 명분으로 줬는데 안 받은 기업인이 더 많아요. 그리고 보상받고도 다른 피해자를 외면한 사업주들 때문에도 더 상처받고 분노하는 이들이 많습니다. 남북 경협 피해자는 업체 사장들만이 아니라 그 직원이나 하청 공장까지 있어요. 이런 부분까지 최소한의 명예 회복과 위로, 보상이 있어야 한다고 봅니다.

__ 이번 인터뷰가 차세대 경협의 기초를 다지는 단초가 될 것이라 믿습니다. 마지막으로 경기도가 남북 경협을 위해 무엇을 해야 될 것인가에 대해 제언 부탁드립니다.

═ 경기도가 해야 될 일이 많다고 생각합니다. 파주 같은 도시가 가장 근거리에 있는 접경지 도시니까 이들 도시가 컨소시엄을 통해 북과 같이 할 수 있는 문화 콘텐츠, 관광 콘텐츠 사업들을 할 수 있을 거라고 봅니다. 예를 들어 옥류관의 외형이나 레시피를 단순히 흉내 내는 사업 같은 것보다는 북한 고유의 문화를 살리는 그런 사업을 구상했으면 합니다.

인터뷰를 마치고

김영미 전무는 인터뷰에서 남북 경협의 발전과 활성화에 필요한 단서를 몇 가지 제공하였다.

우선, 현재 남북 경협 중단으로 인한 피해를 산정할 때 기업과 기업인의 입장뿐 아니라 기업 노동자, 투자자, 협력 업체의 사정도 고려해야 한다고 지적하였다. 남북 경협 기업의 노동자들이 수년간 제대로 급여를 받지 못한 채 경협의 재개를 기다리며 기업과 함께한 사례가 적지 않다. 아울러 남북 경협의 종사자들이 북의 도발에 도움을 주었다는 오해를 불러일으킨 계기였던 5·24 조치에 따라 훼손된 남북 경협인들의 명예를 회복시키는 것이 피해 보상의 시작이라는 점을 짚었다.

두 번째로, 남북 간 교역은 민족 내부 거래로 일반 수출입과는 달리 관세의 면제 등 우대 혜택이 있지만 실제 통관, 방역, 식약청 승인 등에서 지나치게 엄격하고 까다로운 절차가 적용되고 있다고 지적한다. 이를 시스템적으로 개선하면 좋겠다는 의견이었다. 예를 들어 남북한 당국이 공동으로 하나의 플랫폼을 만들어 여기에 등록된 상품들에 대해서는 간단한 절차만으로 반입이 가능하게 하면 경협 활성화에 도움이 될 것이라고 전망하였다.

마지막으로, 후대 남북 경협 기업인들에 대해서는 북한 노동자들의 저임금이나 낮은 원부자재 가격에 기대지 말 것을 조언했다. 이러한 모델은 지속 가능하지 않을뿐더러 남한의 산업화 과정에서의 부정적인 부산물이 반복될 것이 우려된다고 하면서 친환경적이고 미래 지향적인 사업을 추진할 것을 제안하였다. 덧붙여 남과 북의 장점을 결합하면 세계 수준의 경쟁력 있는 상품을 만들 수 있다고 강조하였다.

대동무역의 남북 경협 사업은 경영의 측면에서 교역 부문과 강서청산수 투자 부문으로 분리하여 평가할 수 있다.

교역 부문의 경우, 북한과의 신뢰 관계로 다른 교역 사업자들에 비해 양호한 조건으로 반입할 수 있었던 점, 품목별로 차이는 있지만 판로가 나름 안정되어 있었던 점, 그리고 품질 및 물류 관리가 철저한 가운데 시행착오를 반복하지 않고 개선책을 만들었던 점 등으로 인해 실적이 양호했다고 평가된다.

이에 비해 강서청산수 투자 및 반입 사업의 경우, 아쉽게도 성공 여부를 평가하기에는 실제 사업 기간이 너무 짧았다. 본사업이 북한의 천연기념물로 불리는 생수의 반입이고, 대기업이나 일본 기업과의 경쟁을 이긴 점에서는 가치가 있었지만 그 성과물을 평가할 수 없었다.

사업의 지속 가능성에서 볼 때 많은 남북 교류 대상 품목이 유엔 대북 제재 품목(북핵 갈등의 고조에 따라 지속적으로 제재 대상 품목이 확대됨)에 해당되어 5·24조치가 아니더라도 중단될 수밖에 없었던 반면에, 생수는 제재 대상이 아니므로 5·24조치가 아니었더라면 사업을 지속할 수 있었을 것이다.

마지막으로 거버넌스의 측면에서 김영미 전무는 대동무역의 성장에 결정적인 기여를 하고 외부 투자자와의 합작 법인인 대동 두하나의 설립에 결정적인 기여를 하였지만, 투자자와 대동무역 대표와의 갈등으로 인해 겸직하던 두 회사를 동시에 떠나게 되었다. 이는 두 회사의 기업 지배 구조가 투명하지 않아서 발생한 일이며 이것은 남북 경협에 외부 투자를 참여시킬 때 유의할 대목이다.

5장

경협 기업은
세계적으로
성장할 수 있다

북한 현지에 공장을 짓고 식품을 해외에 팔고자 한

정경진 승국물산 대표

인터뷰를 준비하며

정경진 대표는 보석상, 금은방, 잡화 유통 등을 하던 중 회사 규모를 키우려고 식품 사업에 뛰어든 것이 대북 사업의 계기가 되었다. 1996년 무렵 시장이 확대일로에 있던 뷔페 시장에 두릅을 4계절 납품하기 위해 중국 하얼빈으로 향하였다. 그는 중국에서 원자재를 소싱하여 가공한 뒤 국내 뷔페업체에 납품하여 큰 성공을 거두었다.

정 대표는 중국에서 영리사업뿐 아니라 중국(조선족 동포) 학생들을 위한 장학 재단을 설립해 장학 사업을 진행하였고, 이 장학 사업의 혜택을 북한 학생들에도 돌아가게 하였다. 이것이 계기가 되어 대북 사업을 진행하게 되었다. 그는 북한 나진 등지에서 중국에서처럼 두릅을 소싱, 가공한 뒤 국내에 반입하여 대북 사업 초기부터 성공적으로 안착했다. 그는 통상적인 교역과는 달리 중국 자회사의 중국인 직원들로 하여금 북한 현지에서 소싱하게 하여 원하는 품질과 물량을 확보할 수 있었다.

정경진 대표는 원산과 사리원에 공장을 설립하면서 사업을 더욱 확대시켰고, 마침내 중국 사업은 철수하고 대북 사업에 집중하기에 이르렀다. 사리원에서는 약 68억 원을 투자해 피너츠버터, 파인애플, 황도, 백도, 골뱅이 등의 통조림 생산 시스템을 구축하였다. 제3국과 북한 현지에서 원료를 조달하고 사리원 통조림 공장에서 가공하여 남한으로 반입하는 구조였다. 테스트로 시범 제품을 반입한 후 본격적으로 생산을 준비하던 중 5·24조치로 인해 사업을 중단할 수밖에 없었다.

정경진 대표를 인터뷰한 것은 다음과 같은 이유에서이다.

먼저, 정 대표는 대부분의 교역 사업자들이 북한 측에서 공급하는 상품을 반입하던 것과 달리 북한 현지에서 소싱하여 가공하는 방식으로 원하는 품질과 물량을 확보하였다. 그가 중국 자회사의 중국인 직원들을 북한에 파견했기에 가능한 일이었다. 이는 북한 측과의 소통에서 장점으로 작용했다.

둘째로, 정 대표는 자신이 설립한 북한 공장을 일정 기간 이후 북한에 기부 채납하기로 했던 점이다. 생산 시스템이 안정되고 일정 정도 수익이 발생하면 북한 측에 소유권을 이전하고 납품받는 형식으로 전환하기로 합의했다. 즉, 생산 안정화 이후 자신에게 납품할 것을 전제로 생산 공장을 북한에서 관리하고 생산하게 함으로써 그 자신은 국내 반입 유통에만 전념하여 효율을 높이고, 북한 측으로서는 사업에 능동적으로 임하는 계기가 되었다.

셋째로, 중국 사업에서 식품 사업을 시작한 정 대표는 대북 사업을 시작하면서 중국 사업을 정리하고 대북 사업에 집중했던 점이다. 대북 사업이 가격, 품질과 시장 인지도 등에서 중국 사업보다 훨씬 경쟁력이 있다고 판단했기 때문이다.

__ 언제 교역을 처음 시작했나요?

≡ 1996년에 사업을 위해 중국에 들어갔습니다. 그 전에는 보석상, 금은방을 하다 '아놀드바시니'라는 이태리 브랜드 사업을 했었습니다. 일본인에게 오퍼를 받아 한국 판권을 가지고 여성용 지갑, 벨트, 핸드백 등을 만들어 국내 5대 면세점에 납품했습니다. 당시 시중에는 루비나와 루나라는 매장이 몇 백 개씩 있을 때라 그곳에 납품하며 시작했는데 사업이 잘되었죠. 이후 회사를 더 성장시키기 위해 식품 사업에 뛰어들게 되었습니다.

__ 식품 사업의 사전 지식 없이 뛰어든 것인가요?

≡ 당시 뷔페 호텔이 처음 생기려 할 때 우리가 먼저 시작한 셈이죠. 아이템 선정 과정에서 생각한 것이 두릅이었어요. 두릅

을 어디에서 공급받을까를 고민했는데, 중국밖에 없었습니다. 두릅을 아이템으로 선정하고 국내 대형 호텔 두 곳에서 3톤씩 주문을 받았습니다. 한겨울에 두릅 공급이 가능하다고 하니 주문을 하더라고요. 그래서 물량을 발주받고, 일단 무작정 홍콩을 경유해 중국으로 들어갔습니다. 무모하다고 할 수 있을 거예요. 상품을 구해 놓고 주문받은 것이 아니라 그 반대였으니까요. 봄에 생산되는 두릅을 한겨울에 공급할 수 있다면 어떻게 될까 생각했습니다. 이미 중국에서 소량의 샘플을 받아 본 상황이었죠.

— 당시 중국에서의 사업 환경이 쉽지 않았을 것 같습니다.
= 힘든 정도가 아니었어요. 처음에 소량으로 받은 샘플로 영업을 시작했습니다. 무언가 주문이 있어야 움직일 수 있으니까요. 경비를 들여 아무 연고도 없는 곳에 가야 하는 거였잖아요. 발주했던 호텔 두 곳으로부터 상품이 들어오면 바로 결제해 준다는 확답을 받고 갔어요. 홍콩을 경유해 기차를 타고 하얼빈까지 무작정 올라갔습니다. 일주일 정도 걸렸어요. 그야말로 손짓 발짓을 다 해 가며 차표를 끊어 하얼빈까지 갔습니다. '죽으러 가는 것 아닌가. 설마 죽기야 하겠어?' 하는 심정이었습니다. 지금 생각해 보면 젊었으니 가능했던 것 같아요.
천신만고 끝에 하얼빈역에 내렸는데 이곳에 아무런 연고도 없었어요. 기차를 타고 가며 생각한 게 일단 대화가 가능한 조선족 학교를 찾아가자는 것이었습니다. 고생 끝에 조선족 1중학교를 찾아가서 교장 선생님을 만났어요. 다짜고짜 제가 한국에서 왔는데 하얼빈 구경을 시켜달라고 말했어요. 교장 선생님이 한국에서 여기 왜 왔냐고 묻길래 중국이 얼마나 큰지 보고 싶어 왔다고 했습니다. 놀라시더군요. 외국 사람이 처음 왔으니까요.

━ 어찌 보면 무모한 도전이었던 것 같아요.

═ 무역하는 사람들은 겁이 없습니다. 교장 선생님에게 '저에게 누가 이런 두룹이라는 것을 보내 줬습니다. 이런 두룹을 제조할 수 있는 공장이나 혹은 제게 공급해 줄 수 있는 제조 회사가 있나요?' 하고 물었어요. 교장 선생님이 알아보겠다고 했고, 교장 선생님의 부인이 하얼빈시 교육부 책임자를 만나게 해 주었습니다. 부인도 교장이었는데 제가 학교를 그만두고 저를 도와달라고 부탁했어요. 당시 그분의 월급이 300~400위안(당시 한화 5만 원 미만으로 추정)이었는데, 제가 후하게 급여를 드리겠으니, 대신 중국 총책임을 맡아 일을 해 달라고 했습니다. 이후 정말 사력을 다해 저를 도와주셨어요. 당시의 월급으로는 꽤 큰 금액이었어요. 그랬더니 저보고 호텔에 가지 말고 자기 집에서 지내라고 하시더라고요. 그렇게 그분이 우리 회사의 중국 지사

장이 되셨죠.

이후 하얼빈의 송화강* 앞에 있는 호텔에 사무실을 얻어서요. 거기에서부터 사업을 시작했습니다. '제가 원하는 건 이 물건이에요. 저는 중국어를 할 줄 모르니, 당신이 찾아주세요.'라고 제가 지사장님에게 주문을 했어요. 그러면 지사장님이 월급을 받은 후부터 정말 수단과 방법을 가리지 않고 중국 전역을 이 잡듯이 다 찾았어요. 본인은 물론 지인의 친척까지 다 동원해 찾았어요. 두릅을 가공하고 제가 원하는 품질의 물건을 만들어 줄 수 있는 제조 회사나 식품 연구소를 전부 다 수소문했습니다.

이후 처음 찾은 곳이 목단강** 부근이었습니다. 목단강 부근 식품 연구소에서 식품으로 박사 학위까지 받은 분이 저의 제품을 연구해 주겠다고 했습니다. 그래서 제가 사례를 많이 드렸더니 본인이 공장을 차리겠다고 하는 것이었어요. 자기가 독점해서 공급하겠다는 것이었죠. 그래서 한번 해 보라고 했어요. 대신 제가 마음에 들어야 하고, 속임수 등을 부린다면 다신 안 보겠다고 했죠. 결국 그들이 만든 첫 상품이 컨테이너로 들어왔습니다.

---

* 백두산 천지 비룡폭포에서 시작해 길림성, 흑룡강성 지역을 흐르는 강.

** 송화강의 지류 중 하나.

무작정 찾아간 중국에서 성공의 희망을 만나다

_ 두릅을 상품으로 만드는 과정은 어떠한가요?

= 두릅을 염장하면 시커멓게 변합니다. 이것을 다시 환원시켜야 하죠. 환원시키는 기술이 있습니다. 봄에 딴 자연산 두릅을 소금물에 담가 놓으면 시커멓게 변해요. 그것을 다시 복원시키고 염수 처리를 하여 진공 포장하고 살균 처리해서 가지고 들어온 것이죠. 한겨울에 호텔에서 두릅이 나온다는 건 기절할 노릇이에요. 그것도 주문했던 두 곳 호텔에서만 가능한 것이니, '5성급 호텔에서 두릅을 사용하는데 도대체 이 재료를 어디서 구했을까?' 싶어서 전국의 다른 호텔들에서 연락이 올 수밖에 없었죠. 호텔의 조리부장들끼리는 다 네트워크가 있으니까요. 그래서 제가 처음에 그 두 호텔을 집요하게 공략했던 것이었습니다.

실제 여러 호텔에서 연락이 왔습니다. 당시 한 상자당 14킬로그램씩 포장을 해서 한 컨테이너에 1,400상자를 한국에 들여왔는데, 한 군데 판매하면 한 컨테이너 값이 3천만 원이 조금 안 되었는데 수익은 약 8천만 원이었어요. 한 상자에 2만 8천 원에 들여와서 부가세 별도로 12만 원을 받았죠.

제가 두릅의 주산지가 어디냐 물었더니, 중국 지사장은 또 열심히 북방 쪽 러시아 국경 지역까지 원료가 나오는 곳을 모두 찾아내서 알려 주었어요. 그런데 꽤 거리가 있고 외진 곳이었어요. 그래서 그곳에 우리가 직접 공장을 짓기 시작했지요. 북방 쪽에만 이춘, 자무쓰, 길림, 장춘, 심양 등 일곱 곳에 공장을 지었습니다.

— 두릅 시장의 규모가 그렇게 컸나요?

＝ 아닙니다. 독점 공급이었잖아요. 한 컨테이너에 7~8천만 원이 남는데 한 달에 4개만 판매해도 상당한 수익을 올릴 수 있는 것 아닌가요. 그러려면 중국에서 생산되는 모든 재료를 독점해야 하는 상황이었습니다.

게다가 당시에는 교통이 불편했어요. 운송 수단 확보가 불편해서 현지에 공장을 차렸어요. 또 따렌에서 선적하려면 차가 와야 했습니다. 일곱 개 각 공장에서 제품을 생산하는데, 처음에는 한 공장에서 한 달에 반 컨테이너 물량이 나왔어요. 제가 원하는 품질에 적합하지 않으면 선적을 못하게 했기 때문이었죠. 원료는 우리 회사의 중국인 대리인들이 구매하게 했습니다. 처음에는 제가 두릅을 공급하는 곳을 믿을 수 없었어요. 원료 통에다 질 나쁜 것을 넣고 팔 수도 있지 않을까 생각했기 때문에 중국인은 중국인이 상대하도록 만들었죠. 원료를 공장에 가져왔는데, 원료가 잘못되었거나 산지에서 가격이나 물량으로 장난치는 사람이 있으면 중국인들끼리 해결하도록 했습니다. 외국인인 제가 나서서 싸울 수는 없었기 때문이었어요.

제가 상품을 들여올 당시 한국에서는 뷔페 붐이 일어났습니다. 처음 한두 개 생겨나더니 이내 서울, 경기 일원에만 호텔 뷔페가 3,500곳이 생겼죠. 한 곳에 한 상자를 판매한다 해도 3,500상자가 되는 셈이었어요. 이것을 전국 단위로 넓히면 얼마나 많았겠어요. 그리고 독점 아니겠어요? 이것을 다른 누가 다시 중국에 가서 만든다면 시간과 비용이 얼마나 소요되겠습니까.

이후에도 저는 제품을 계속 업그레이드했습니다. 나중에는 일본 기술을 접목해 향까지 첨가했어요. 다른 이들이 흉내 내지 못하도록 상품 향상에 노력했지요. 결국 경쟁 업체는 나타나게 되는 법이니까요. 이후 중국에서 자연산 나무에서 두릅을 채취하지 못하도록 법을 제정했기 때문에, 원료 자체가 모두 100퍼센트 북한산이 되었습니다.

▬ 중국 공장 설립 시 직접 회사를 설립한 것인가요, 아니면 중국 측이 세운 것인가요? 직접 세웠다면 일곱 개 공장 모두 독립적 유한회사였나요?

▬ 직접 세웠습니다. 중국에서 그 사업을 진행하다 장학 재단을 만들기 시작했습니다. 조선족 교장 선생님에게 도움을 받았으니 저도 무언가 보답해야 한다고 생각했죠. 학교마다 1중, 2중, 3중, 하얼빈, 길림, 목단강 등에 장학 재단을 만들고 장학금

을 주기 시작했어요. 그러던 중 중국 지사장의 남편인 교장 선생님이 '어느 분이 북한에 후원을 해 주기로 했는데, 문제가 발생해서 후원이 이뤄지지 못했다. 이 후원을 대신해 줄 수 없는가' 하고 물었습니다. 제가 중국도 후원해 주는데 북한을 왜 못해 주겠어요. 그래서 약 1년 반에서 2년 정도 하다 보니 이게 소문이 나더군요.

_ 어떤 후원 사업이었나요?

= 북한에 쌀도 지원하고, 차도 지원하는 일이었습니다. 이를 중국을 통해 지원했더니 소문이 나기 시작한 거죠. 북한 측에서는 중국 정부에서 하는 것도 아니고 누가 이렇게 무상으로 계속 지원하나 궁금해 했습니다. 그래서 하얼빈시 교육부 책임자가 북한 대표부에 제 이야기를 전했다고 하더군요. 얼마 후 그 책임자(하얼빈시 교육부 책임자)를 통해 허 모라는 분에게 연락이 왔습니다. 저를 한번 보고 싶다고 했습니다. 그래서 북경을 가게 되었고, 처음으로 북한 관계자와 만나게 되었습니다.

_ 허 모라는 분은 어떤 일을 했나요?

= 북경 대표부(북측 민족경제협력연합회) 대표였습니다. 제가 지금도 잊을 수 없는 것이 '우리 북 인민들을 위해 이렇게 많은 도움을 준 것에 대해 너무 감사하다. 나도 보답을 하고 싶다. 어떻

게 해 줬으면 좋겠냐?'라고 묻더군요. 그래서 저는 보답이 필요 없다고 했더니, 북한에서 사업할 의향이 없는지 직접 묻는 것이었습니다. 나로서는 사업이라면 동남아든, 아프리카든 어디든 갈 의향이 있었지만, 북한하고 사업을 할 수 있는지는 몰랐습니다.

그래서 '한국으로 물건을 들여올 수 없는데, 북한에서 어떻게 사업을 할 수 있는가?'라고 대답했더니, 그 방법을 가르쳐 주겠다고 하는 것이었습니다. 북한은 중국보다 인건비가 더 저렴하고, 또한 여러 가지로 제가 사업을 선점할 수 있도록 도와주겠다는 이야기였죠. 그래서 현장에서 일단 허 모라는 이름으로 제가 원하는 요구 사항을 들어주겠다는 계약서에 사인을 해서 제게 주었습니다.

__ 현장에서 바로 계약서를 작성했다는 건가요?
≡ 그 자리에서 자필로 서명해 주었습니다. 그것을 본인이 이미 조치했으니 계약서를 가지고 일단 단둥 대표부를 찾아가라고 하더군요. 그래서 한 달 후 단둥 대표부를 찾아갔습니다.

__ 당시 단둥 대표부 대표는 누구였나요?
≡ 지금은 이름이 잘 기억나지 않습니다. 단둥 대표부는 제가 원하는 대로 다 해 주라고 지시가 내려왔다고 말하더군요. 그

런데 당장 제가 원하는 것이 없는데, 무엇을 어떻게 해야 할지 모르겠다고 답했습니다. 북한의 전력 문제가 걸리고, 교통수단과 운송도 문제였기 때문이었죠. 또 북한 인원들의 작업 과정에 대한 인지도가 떨어질 것 아니겠어요? 이런 문제들을 어떻게 해야 하는지 물었습니다. 그러자 일단 공장을 먼저 만들어주겠다고 답했어요.

나진항에서 보면 저희 공장이 바로 보입니다. 그는 나진에 공장을 만들어 줄 테니 저보고 기계 설비와 중국 직원들을 데려가 교육을 하라고 했습니다. 물건을 어디다 실어 가냐 했더니, 그때 동영해운이라고 있었어요. 중국인이 운영하는 배인데 당시 나진에서 부산으로 들어왔죠. 그 배에 실어 들여오면 된다는 것이었어요. 그 과정을 자기들이 다 알아서 해 준다는 것이었죠. 중국 선박이지만, 당시 나진에서 부산까지 직항으로 왔습니다.

북한의 신뢰를 바탕으로 남북 교역에 뛰어들다

— 아이템은 역시 두릅이었나요?
＝ 당시에는 두릅이었습니다. 처음에는 원부자재, 원료까지 다 가지고 들어가 그곳에서 가공했습니다.

__ 선박을 채울 만큼 물량은 충분했나요?

= 그러지 못했습니다. 동영해운에서는 당시 북한에서 나오는 물동량이 몇 개 없었어요. 당시 제가 들여온 상호가 나진장수봉회사였어요.

__ 나진장수봉회사는 합영 기업인가요? 또, 현장에서 직접 관리하고 교육했나요?

= 합작 회사입니다. 회사의 경영 관리는 우리 중국인 직원이 했습니다. 처음에는 현장 관리를 위해 2주에 한 번씩 왔다 갔다 교대했어요. 중국 직원 다섯 명이 들어가 약 2주 머물다가 다음에는 한 달씩 늘려 나갔죠. 인건비는 중국 위안화로 정확히 지급했습니다.

__ 나진장수봉회사를 북중 합작 회사로 볼 수 있겠습니다.

= 단둥에서는 제가 계약을 했습니다. 북경 가서도 제가 계약하고, 북한에서 계약할 때는 저희 직원이 대리로 갔습니다. 제대리로 가서 계약서에 사인했죠. 중국에 있던 회사들도 모두 지분 100퍼센트를 제가 가지고 있는 법인이었습니다. 지금은 모두 폐업하고 길림개원식품만 남아 있지만요.

__ 합작 회사도 아이템이 북한산 두릅이었나요?

= 예. 북한산 두릅이었어요. 그것을 한국에 들여오면 일단 관세가 없어요. 중국산은 27퍼센트의 관세가 부과되었죠. 물류비도 절감될 수밖에 없었어요. 중국산일 때도 거의 독점이었는데 북한산을 가져 오면 수익이 더 날 수밖에 없었죠. 또 당시 북한산이라면 부르는 게 값이었습니다. 그렇게 수익을 창출했습니다.

_ 다른 경협 기업의 사례를 보면 국내 시장 보호를 위해 수입 물량을 제한하기도 했습니다. 두릅은 어떠했나요?

= 두릅은 제약이나 신고 가격이 없었습니다. 당시 통일부에 제가 확인한 바로는 신고 대상 품목이 아니었으니까요. 그냥 들여오기만 하면 되는 품목으로 쿼터 제도가 없었죠. 이 때문에 제가 두릅을 들여온 것입니다. 한 달에 많이 들어올 때는 일곱 컨테이너까지 들어왔어요. 당시 대한민국 시장 규모가 7~8 컨테이너 정도였어요. 당시 호텔 뷔페에서 쓰는 양이 보통 한 곳에 일주일 기준으로 100박스씩 들어갔습니다. 사업은 계속 그렇게 번창했죠.

_ 중국산에 비해 북한산이 더 인기가 많았나요?

= 당연히 북한 상품의 인기가 더 많았습니다. 우리 소비자들이 북한 상품에 대한 선호도가 높았죠. 당시 500그램으로 포장해 전국 마트에도 유통되었습니다.

_ 북한산으로 인정받기 위해 원산지 증명을 민경련에서 해 주었나요?

= 그렇습니다. 이렇게 사업이 진행되니 성장이 더 가능할 것 같았어요. 그런데 원료 수집이 문제였습니다. 봄철에 딱 한 번 나오기 때문이었죠. 원료 수집을 위해 북한 전역을 다니려니까 처음에는 우리 직원들이 간첩인 줄 알고 북한 인원이 서너 명 씩 달라붙어 쫓아다녔어요. 하지만 나중에는 우리가 어떤 사업을 하는 사람인 줄 알고는 북한 전역을 마음대로 드나들 수 있는 통행증 같은 것을 만들어 주었습니다.

저희 직원이 나중에는 광물도 수입해야 하니 원산에 제2공장

민경련 발행 원산지 증명서의 예

206

을 하나 만들자고 제안했습니다. 그래서 원산에 제2공장을 만들면서 중국에 있는 공장을 하나둘 정리하기 시작했죠. 당시제 밑에서 10년 이상 근무한 공장장들에게 공장을 무상으로 다넘겨줬어요. 그리고 그 공장에서 물건을 만들어 제게 보내게했죠. 중국 공장을 하나씩 그만두면서 원산에는 제2공장을 만들어 거기에서 1차 원료를 다듬는 시스템을 만들었습니다. 그러면서 상황을 주시했어요.

＿ 북한 파트너는 개선무역총회사였나요?
＝ 북한 파트너는 회사마다 다 다릅니다. 나진이 다르고 원산이 다르죠. 합작 계약을 해서 원산에 1차 원료 가공 공장을 만들어 그곳에서 원료를 다듬어 나진으로 보내는 시스템이었습니다. 나진은 가공할 만한 기계 설비가 돼 있으니까 최종 제품을 만들어 나진에서 선적했어요. 원산은 선적이 어려웠기 때문이었죠. 원산에서 나진까지 거리가 있기는 했지만, 염장 처리를 해 보냈기 때문에 원료가 상하거나 훼손되지는 않았습니다.

＿ 그 후에도 북한에 계속 투자를 했나요?
＝ 원산 공장을 만들고 나니 금강산관광이 시작되더라고요. 정주영 명예회장의 방북이 이어지고 앞으로 잘되겠다 싶었습니다. 그리고 개성공단 이야기를 전해 들었어요. 그렇다면 우

리도 무언가 시작해야겠다고 생각했죠. 중국에 공장 한 개만 남겨 놓고 다 철수하고 북한 사업에 완전히 집중하자고 결심했습니다. 북한에 투자해 물건을 가지고 오면 일 년 정도면 투자금을 모두 회수하고도 충분히 남을 것이라는 계산이 있었어요. 이 때문에 회사 규모를 확장하기 위해 사리원에 68억 원을 투자해 통조림 공장을 만들었습니다. 당시 전력 시설이 좋지 않아 발전기 부분에도 많은 비용이 들었어요. 중국에서는 없던 문제였죠. 중국은 무엇이든지 조달이 가능했습니다. 더구나 그 지역에서 외국인이 공장을 차린 것은 제가 처음이었으니 당시 시장으로부터 전폭적인 지원을 받았었죠.

___ 나진, 원산, 사리원 등의 사업을 각각 운영했나요, 아니면 통폐합한 것인가요?

= 통폐합을 하지는 않았습니다. 계속 세 공장을 각각 운영했어요. 원산은 나중에 알루미늄 잉곳(제련한 후 거푸집에 부어 가공하기에 알맞은 형상으로 굳힌 금속 덩어리) 광물 사업을 하려 했기에 공장들을 다 유지해야 하는 상황이었습니다.

___ 사리원 공장은 언제 신축했나요?

= 여기 서류가 있습니다. 제가 68억 원을 투자한 이유가 또 있지요. 당시 제가 미국으로 진출해서 미국 최대 피자업체에 양

송이버섯을 공급하기로 하고 30개의 컨테이너 물량을 주문받았어요. 그 업체가 캐나다에서 200개 컨테이너 물량을 받았는데, 그중 컨테이너 30개를 저한테 주문한 것이었죠.

우리 사리원 공장과 평양의 중간 지점에 버섯 재배 단지가 만들어져 제가 그곳과도 독점 계약을 했습니다. 그 버섯 재배 단지에서 표고버섯을 생산해 가져오면 대한민국 중국음식점은 제가 독점할 수 있다고 생각했어요. 양송이버섯도 국내 피자 전문점은 물론이고, 일단 미국에 40피트 컨테이너 30개로 시작해 나중에 100개까지 확장해 미국 시장의 절반은 차지하겠다는 포부도 가졌죠. 그런 각오로 미국 진출을 시도했습니다. 저는 미국이 캐나다에서 34달러에 수입하는 것을 28달러에 공급한다고 제안했어요. 그리고 저는 북한에서 한 박스에 12달러에 가져오기로 계약했죠.

40피트 컨테이너 30개 분량을 공급해야 하니 굉장히 바빴습니다. 때문에 통조림 공장을 자동화로 만들어야 했어요. 그 자동화 기계를 반입하기 위해, 중국에서 완제품으로 가지고 들어가면 북한에도 세금이 있으니 기계를 다 분해해 기술자와 함께 가지고 들어가 조립했는데 그 시간이 어마어마하게 소요됐습니다. 그게 제가 우여곡절을 겪은 역사 중 하나예요. 그것을 안착해 시험 가동을 거쳐 완제품이 나오기까지, 그 고통은 이루 말로 다 못한답니다.

차별화된 경쟁력으로 미국 시장에 도전하다

__ 어느 정도의 기간이 소요되었나요?

═ 약 4~5년 이상 걸렸습니다. 그리고 공장을 다 지어 땅콩버터 샘플을 한 컨테이너 생산했지요. 북한에 가기 전 중국에서 샘플 실험을 마치고, 북한에 가서 북의 원료로 땅콩버터 샘플을 만들어 가지고 나왔습니다.

__ 맛은 어떠했나요?

═ 더 좋았어요. 그리고 더 좋게 만들어야 했고요. 미국 상품과 같으면 소용없는 일 아니겠어요? 제가 미국에 역수출할 계획을 잡고, 상품을 만들어 국내 제과 회사 한 곳에 가져가 계약하기로 약속했습니다. 당시 땅콩버터 관세가 68퍼센트였어요. 그런데 저는 무관세로 들여왔어요. 당시 미국에서 가져오는 건 한 병에 7,800원이었는데, 제가 가져온 가격은 2,800원이었어요. 한 상자에 12병 들어 있는데 통관 가격이 1병당 7,800원이었죠. 제가 병당 7천 원만 받아도 안 살 수가 없는 것이었죠. 그걸 네 번 가지고 와서 대형 마트 한 곳에 다 깔았어요. 6,800원에 들어갔고요.

그리고 파인애플, 황도, 백도 같은 상품도 취급하였습니다. 파인애플은 필리핀 공장과 계약해서 단둥을 거쳐 원료를 북한에 들여가는 것으로 했습니다. 어차피 위탁 가공이기 때문에 북한산이 되는 것이죠. 중국에서 백도, 황도는 관세가 50퍼센트였어요. 국내에 통조림업체들이 많잖아요. 이 업체들과 계약하기 위해 샘플로 한 컨테이너를 들여왔습니다.

국내 마트에 황도, 백도 통조림이 모두 깔린다고 생각하면 얼마나 많이 팔리겠어요. 제가 감당을 못할 정도였을 겁니다. 그럼 제가 직접 판매할 필요도 없고, 상품에 판매처, 전화번호만 넣어 판매하면 끝나는 것이었죠. 대기업이 알아서 유통하도록 하는 것입니다.

— 68억 원을 들여 사리원 공장을 설립할 동기가 충분했다고 보입니다.

≡ 6개월이면 회수할 수 있을 정도였습니다. 아마 6개월도 안 걸렸을 거예요. 미국에서는 선시급금을 보내려고 했으니까요. 오히려 제가 기다리라고 했습니다. 우선 첫 번 상품이 들어간 다음 시작하자고 했어요.

— 사리원 공장의 자동화 생산 설비가 안착하는 데 어려움이 컸다고 들었습니다. 그러면 몇 년도에 안착된 것인가요?

≡ 제가 공장을 다 짓고 컨테이너가 서너 번 들어온 즈음 개성공단이 거의 다 완성되었습니다. 그때 남북교류협력지원협회

에서 찾아와 개성공단에 들어오라는 제안을 했습니다. 당시 개성공단에 입주하는 사람들이 부족한데 공장 다 뜯어 개성으로 들어올 수 있냐는 것이었죠. 저는 사리원 공장을 다 지을 때까지 발전기부터 시작해 온갖 고생을 다 해서 이제야 샘플로 컨테이너 여덟 개를 들여왔는데, 다시 공장을 분해해 개성공단으로 들어갈 수는 없다고 대답했습니다.

__ 그때가 승국물산이었나요?

= 그렇습니다. 승국물산은 법인이 아닌 개인 사업자였어요. 당시 제가 개인 업체를 한국에서 세 개를 만들어 놓고 있었어요. 이후 상호가 계속 바뀌었고, 그중 현재까지 있는 것이 승국물산이에요. 그 후 통조림 공장을 그렇게 진행하고 땅콩버터가 네 번 내려와서 국내 회사 두 곳에 공급하기로 했습니다. 우선은 계속 실험해야 했기에, 당장 계약서를 썼다가 이행하지 못하면 계약 불이행으로 어려워질 수 있으니, 몇 번 상품을 주고 나서 공장이 정상화될 때 계약서를 쓰기로 했습니다. 일단 공급은 해 주겠다고 하고요.

__ 당시 계약서를 쓰지 않은 것이 절묘한 판단이었다고 생각됩니다.

= 그렇습니다. 천만다행이었죠. 땅콩버터 과자에 들어가는 부

자재 원료가 중국에서 들어가는데 공급이 원활한 곳이 사리원이었어요. 단둥에서 들어가야 되기 때문이었죠. 그래서 사리원에 공장을 만든 것이었어요. 땅콩버터 상품이 네 번 들어오고 나서 5·24조치가 터졌어요. 그렇게 중단된 이후 정말 모든 것이 다 엉망이 되기 시작했습니다.

— 그렇다면 사리원 공장은 물론이고, 나진과 원산에서 진행했던 두릅 사업까지 모두 중단된 것인가요?

= 그렇습니다. 모두 멈추어 버렸어요. 그런데 남북교류협력지원협회는 회사가 중국 법인이기 때문에 피해 지원을 못해 준다고 하더라고요. 더구나 제가 원하지도 않았는데, 대출을 꼭 받아야 된다며 수출입은행에서 먼저 찾아와 대출을 해 줬습니다. 그것 때문에 국내에 있는 공장도 한두 개 접었어요. 여주와 충북 충주시 앙성면에 있던 5천 평짜리 김치 공장이었죠. 당시 제가 김치를 군납했어요. 한 요리 연구가의 김치를 독점 계약해 OEM 공장으로 만들었죠. 그리고 여주 안성 공장은 된장과 고추장을 만들어 OEM으로 독점 공급했어요. 전국에 우리 공장만한 규모와 설비를 갖춘 곳이 없었습니다. 하지만 5·24조치가 터지면서 공장을 운영할 수가 없어서 결국 접을 수밖에 없었어요. 그때 제 마음이 너무 상했죠. 투자된 금액이 꽤 많았는데 어찌할 수가 없었습니다.

― 국내 공장은 왜 닫았죠? 북한에서 원료를 받은 것인가요?

═ 국내 공장도 대출을 조금 받고 작업을 했는데 북한 사업의 여파로 어려워졌습니다.

― 나진, 원산, 사리원에 있는 회사는 북중 합작 형태였나요?

═ 당시는 그렇게 계약을 했습니다.

― 중국 쪽은 길림 개원식품이고 북한은 세 곳 다 따로 계약했나요?

═ 다 다른 회사입니다. 당시는 개선총회사와의 계약이 아니

북중 합작 계약서 및 통조림 임가공 계약서

었어요. 개선총회사 산하에 있는 회사들과 계약을 했습니다.

— 이것은 원산지 증명서하고는 좀 다른데요.

= 식품 검역서입니다. 여기 검역원이 다 사인한 것이죠. 조선
민족경제협력연합회라고 해서 나왔어요. 처음에는 나선강성
무역회사로 작업을 했습니다. 장수봉회사와 합자 계약서, 설비
투자 계약서, 임가공 계약서 그리고 설비 투자 내역서, 공장 사
진, 작업 환경, 원료 등등.

장수봉회사와 계약한 것도 있어요. 중국에서 변호사가 서류
를 다 만들어 북한에 가지고 들어가 사인 받은 것이지요. 그러
다 나중에 장수봉회사의 상호가 모란회사로 바뀌었어요. 그래
서 다시 계약서를 썼어요. 북한이 원하는 방향으로 우리가 모

조선 수출입 상품 검사 및 검역서

두 들어줬습니다.

▬ 승국물산의 경우, 투자와 위탁 가공을 함께 한 것으로 봐야 할 것 같습니다.
▬ 통일부에서는 교역으로 해 놓았습니다. 저에게 공장을 다 접고 개성공단으로 들어오라고 했는데 제가 어떻게 들어가겠습니까. 그 전에 미리 정보를 주고 제안했으면 모를까, 공장을 옮기는 것이 쉬운 일이 아니었죠.

▬ 표고가 통통하고 땅콩도 품질이 좋아 보입니다.
▬ 이것은 땅콩버터용입니다. 계약을 다 해 놓고…… 정말 마음을 표현할 길이 없네요.

북한산 표고
버섯과 땅콩

216

_ 땅콩도 북한산인가요?

= 그렇습니다. 아래 사진이 통조림 공장이에요. 이 공장을 위해 고생한 것만 생각하면 말도 못하겠습니다.

_ 그럼 공장을 크게 나진, 원산, 사리원 등 세 곳이라고 보면 되겠네요. 그리고 각각의 세 곳은 다 파트너가 달랐던 것으로 이해하면 되나요?

= 파트너를 서경 제2무역회사로 정한 이유는 우리가 필리핀 등에서 통조림에 담을 과일, 즉 원재료를 가지고 와야 하는 문제가 있기 때문에 무역할 수 있는 업체와 연결해 작업할 수밖에 없었습니다.

건설 중인 사리원 통조림 공장과 완공 후 공장 내부

그리고 이것은 중국에 제 독자 법인이라는 내용의 정관인데요. 이 서류들을 피해 지원 심사 때 제출했는데, 정부에서 인정하지 않았어요. 당시 이 수출입 면장 서류를 인정하지 않는다는 게 말이 안 된다고 하더라고요.

— 이 수출입 면장을 보면 화주가 길림개원식품이고 도착지가 북한으로 되어 있네요.

= 모두 있고 외화 송금 보낸 것도 있습니다. 정부가 이런 서류들이 존재하는데도 투자를 제대로 인정해 주지 않았죠. 너무나 안타깝고 화가 납니다.

— 상품을 북한산으로 인정받는 것은 수월했나요?

= 그렇습니다. 모두 정상적으로 통관한 것입니다.

— 농산물 같은 경우는 절차나 과정이 어떠했나요?

= 우리가 처음 진행할 때에는 승인 품목이 아니었습니다. 신고하고 정상적으로 세관 통관하고 원산지 증명서도 있었으니까요. 나중에는 이것들이 승인 품목으로 모두 바뀌었어요. 그리고 바로 5·24조치가 터진 것이죠.

이 사업은 북한 선적이 들어와야 진행됩니다. 그 배에 우리가 처음으로 상품을 실어서 들여왔는데 나진에서 선적하는 동영해운은 물동량이 늘어나니 북한 선적이 상품을 싣지 않으면 원산지 증명서를 발급해 주지 않았어요. 그 북한 선적에 컨테이너가 45개 실립니다. 컨테이너가 모두 차기 전에는 배가 떠나지 않았고, 45개가 모두 실려야 출발했어요. 그렇게 출발을 할 때가 되서야 원산지 증명서가 나왔어요.

그 배를 통해 담아 온 상품에만 원산지 증명서를 발급해 줬지요. 그러니 동영해운은 중국 상품만 선적할 수 있었어요. 당연히 그 선적에는 북한 상품을 담지 못하게 했죠. 동영해운으로 들어오면 북한 나진항에서 선적했어도 원산지 증명이 없기 때문에 무관세 혜택을 못 받는 것이었어요. 그러니 동영해운은 중국, 러시아 상품을 많이 취급했습니다.

— 동영해운과 북한의 해운을 이용할 때 물류비 차이가 있었나요?

≡ 북한이 더 비쌌어요. 당시 국내에 모 해운 회사가 있었어요. 그 회사에 전화해 전무와 싸운 적도 있습니다. 동영해운이 할 때는 우리 최종 목적지가 인천인데 컨테이너가 부산에 도착해 인천으로 끌어올렸어요. 그리고 내려가는 것은 우리가 운임을 안 냈죠. 그런데 그 국내 해운 회사는 빈 컨테이너로 내려가는 비용까지 우리에게 청구했어요. 그래서 따졌더니 제 물건은 나진에서 못 싣게 하겠다는 것이었어요. 동영해운은 부산에서 인

천까지 올라오는데 보통 컨테이너 하나에 45만 원이었어요. 그런데 그 국내 해운 회사는 120만 원이 넘는 것이었죠. 컨테이너가 한두 개 오는 것도 아니고, 따질 수밖에 없었습니다.

━ 사리원에서 컨테이너가 들어갔을 때 남포에서 인천으로 들어간 것인가요?

＝ 사리원에서는 개성 육로를 통해 들어왔습니다. 여덟 컨테이너가 샘플로 들어온 거니까요.

━ 2000년 초기에는 북한 파트너와 소통도 어려웠다고 들었습니다. 전화나 팩스도 어려웠던 것으로 알고 있습니다.

＝ 우린 중국에서 다 했습니다. 직접 북과 하지는 않았어요. 급한 일이 있으면 중국에 내용을 보내 중국에서 다시 북한으로 연락하는 식이었습니다. 샘플도 그런 식으로 오고 갔죠. 제가 당시 중국에 자주 가니까 가능한 일이었어요. 당시 일 년에 거의 6개월은 해외를 다녔습니다.

━ 처음 북한 파트너를 만났을 때 소통의 어려움은 없었나요? 용어의 차이도 있었을 것 같고, 신뢰를 쌓는 것도 중요했을 텐데요.

＝ 저는 일단 북한의 요구 사항을 최대한 들어주려 노력했습

니다. 또, 일단 대화 분위기가 좋았어요. 공장 책임자가 일을 잘 했지요. 공장 책임자는 어려운 부분이 있으면 제가 중국에 있을 때 전화를 해서 이야기했어요. 그러면 전 가능한 부분에서 즉시 처리해 줬고요. 그러면 '감사합니다. 물건 잘 만들겠습니다.' 그러곤 했죠. 제가 가능한 범위에서 어려운 점들을 다 처리해 주니 소통의 어려움은 없었습니다. 그쪽에서 필요한 부자재 등이 있다고 하면 다 해결해 주었어요.

__ 납기는 잘 지켜졌나요?

≡ 한 달에 하나를 만들든 반 개를 만들든 만들 수 있는 만큼 완제품으로 다 만들면 그때 보내라고 했습니다. 당시 중국 공장이 잘 돌아가고 있었으니, 북한 쪽에는 어찌 보면 계속 실험을 한 것이었죠. 작업자들의 손에 익을 때까지 시간이 필요하기 때문이었습니다.

__ 북한 공장의 직원 규모는 어땠나요?

≡ 나진 공장에만 120명이 일했습니다. 원산, 사리원은 더 많았고요. 사리원은 원료 문제도 있고 해서 인원이 많았죠. 경리만 해도 여러 명을 채용할 정도였어요. 점점 인건비가 늘어나는데 나중에는 '나도 모르겠다. 필요한 만큼 채용하라'고 했을 정도였습니다. 당시 사업이 잘 진행되고 있었고, 장학 사업도

하는데, 인건비에 인색할 필요가 없었어요.

____ 결국 공장 세 곳의 생산성에 대한 검증이 미처 안 된 상황에
서 사업이 중단된 것인가요?

= 나진과 원산은 잘 돌아가고 있는 상태였고, 사리원 통조림
공장이 미국의 주문부터 시작해서 샘플로 여덟 컨테이너 내려
와서 샘플을 각 업체별로 보내고 대형 마트 등에도 보내 승인
이 모두 완료된 상황이었습니다.

그 후 몇 개월 더 주문이 들어오고 일반 시장에 내놓아서 반
응을 본 다음 대기업들과 계약하겠다는 생각이었어요. 계약하
고 필요한 연간 물량이 정상적으로 돌아가면 그때 정식으로 딜
(거래)을 하려 했죠. 골뱅이 통조림도 나왔습니다. 한 식품 회사
와 작업을 했죠. 나중에는 원료도 갖다 줬습니다. 일식집에서
나오는 큰 소라 있잖아요. 원사라 부르는 것이요.

____ 모두 북한산이었나요? 그 물건들을 본격적으로 반입하는
상황에서 중단된 것인가요?

= 아닙니다. 과일과 땅콩버터 여덟 컨테이너가 내려왔거든요.
저는 빠른 시일 내 투자 비용의 최소 수배 이상은 1~2년 안에
회수하고, 이 공장 자체를 북한에 모두 기증하겠다고 했어요.
중국에서 한 것처럼 생산만 해 달라고 했습니다. '나중에 모두

기부하겠다. 그때가 되면 당신들이 생산해서 나에게 팔아라. 부자재 필요하면 내가 공급해 주겠다. 그 대신 나에게 팔아라. 이 정도의 물량을 처리해 줄 수 있는 업체도 없을 것이다.' 이렇게 말했죠.

당시 국내 피자업체들이 양송이버섯이 비싸서 모두 새송이버섯으로 바꿔 피자를 만들었어요. 그런데 북에서는 버섯 재배단지를 만들었는데, 그곳에서 나오는 버섯을 가공해 통조림 공장에서 자동화로 생산되는 물량 자체가 어마어마했어요. 그것을 소비시켜 줄 수 있는 업체가 있어야 하는 것 아니겠어요? 북한이 어떻게 만들겠어요. 그리고 남측에서도 누가 와서 어떻게 영업을 통해 유통하겠어요.

▬ 통조림 만드는 캔도 북한산이었나요?
▬ 아닙니다. 중국에서 들어갔습니다. 북은 코팅 시설이 갖춰져 있지 않았어요.

▬ 향후 현지 공장을 어떻게 운영할 생각이었나요?
▬ 한 1~2년 동안 1~2천억 원 이상 수익을 올리고, 공장 자체는 북한에 기부 채납하기로 계획했던 것이었죠. 북한에 기부 채납하면서 제2 아이템으로 광물 사업을 하려고 대기업과 준비하고 있었습니다.

__ 북한과도 사전에 논의된 것인가요?

= 그렇습니다. 그래서 제가 공장들을 분명히 기부 채납한다고 했고요.

__ 혹시 그 공장이 5·24조치 이후에도 가동되고 있나요?

= 2013년까지는 경협 재개를 대비하여 중국인 직원들을 통해 공장 수선 등 계속적으로 관리했습니다. 그런데 2014년부터는 공장에 있던 중국인들까지 모두 나와야 했어요.

__ 그렇다면 현재 원산, 사리원 상황을 파악할 수 없는 것인가요? 그래도 중국을 통해 북한 인원들과 연락이 닿지 않나요?

= 공장을 10년 넘게 멈추었으면 그 내부의 기계는 사용할 수 없다고 보는 게 맞습니다. 우리 같은 내륙 기업들이 교역만이라도 하게 해 놓는다면, 1년 안에 원상태로 돌려 놓을 수 있습니다. 이제 방법을 다 알았지 않나요. 하지만 지금 이런 상태에서 개성공단만 다시 열린다면 과연 누가 들어갈 수 있을까요.

__ 개성공단보다 정 대표가 진행한 교역이 어떤 부분에서 더 경쟁력이 있다고 생각하나요?

= 장점이 있습니다. 개성공단은 지역적 특성상 일정한 테두리 안에 갇혀 있지요? 하지만 우리는 북한 전역을 다닙니다. 내

류 기업인이 모두 그런 것은 아니라고 할지라도 대부분은 북한 곳곳을 다니면서 새로운 바람을 일으킬 수 있지 않겠어요?

＿ 앞서 두릅 사업의 경우 중국산과 북한산을 비교할 때 북한산이 더 좋다고 하셨는데 이유가 있나요?

＝ 재배가 아닌 자연산이기 때문입니다. 자연산을 두고 누가 좋다 나쁘다 할 수는 없을 거예요. 그런데 북한산은 일단 관세가 없습니다. 고향을 그리워하는 실향민들도 계시고요. 한국 사람들 대부분 북에서 나오는 상품은 무공해라는 인식을 갖고 있지요. 그런 이유들로 반응이 좋아 소비가 조금 더 있는 것이고, 호의적으로 느껴지는 것이라 생각합니다.

＿ 북한 파트너에 대금 지급 시 임가공비 명목으로 지불했나요? 원료비도 지급해야 했을 텐데요.

＝ 임가공비를 지불했습니다. 원료는 원료대로 따로 구매했고요. 북한 원료상에게 현금을 지급했어요. 은행으로 들어가면 돈을 못 찾았어요. 북한에서 원료상은 원료상대로 우리가 위안화로 지불하는데, 원료를 공장에 갖다 주면 공장에서 검수해서 중량이 나오면 그때 지불하는 방식이었습니다. 공장에서는 공장 책임자에게 인건비와 임가공비를 따로 지불했어요. 임가공비 역시 현금으로 지불했죠. 기본적으로 송금을 원하지 않았어

요. 현금 지불로 인해 우리가 제재 등의 어려움을 겪은 적은 없었습니다.

___ 원료의 가격은 안정적이었나요? 수시로 가격이 변동되기도 했나요?

= 두 달 동안 채취한 것을 한 번에 구매했습니다. 원산 어느 지역에서 채취한다고 한다면 그 지역 주민들이 알아서 채취해 왔죠. 그것을 염장하여 공장으로 보내오면 결산을 했습니다. 우리가 지불하면 북한 측이 채취해 온 이들에게 다 비용을 지불했습니다. 우리는 마음대로 산에 올라갈 수 없었죠. 중국도 마찬가지였어요. 산을 관리하는 이들의 승인이 없으면 올라갈 수 없었습니다.

남북 교역은 정치적 변수가 없으면 충분히 성공할 수 있다

___ 5·24조치로 사업이 중단되기 전까지 남북 간 교역에서 성공적으로 사업을 했다고 평가하나요?

= 자신이 있으니까 투자한 거였어요. 그게 아니었으면 중국 공장만 가동했을 것입니다. 우연히 북한에 진출하게 되었지만, 빠른 시간 안에 투자액을 회수하고 수익을 창출할 수 있을 것으로 확신했습니다.

— 5·24조치가 아니었으면 계획대로 이뤄졌을 것으로 보나요?

≡ 그렇습니다. 미리 선주문을 받아 놓고 시작했으니까요. 저는 선주문 없이는 절대 시작하지 않습니다.

— 그렇다면 당시 성공의 원동력은 무엇이었다고 생각하나요?

≡ 배짱이고, 결단력이죠. 당시 제가 중국에 그렇게 무작정 갈 것이라 상상했던 사람은 아무도 없었을 겁니다.

— 시장의 수요를 능동적으로 파악하고 추진한 것 같습니다. 그동안 여러 가지 아이템을 다루었는데 가장 성공적이었던 것은 무엇인가요?

≡ 성공이라 할 수는 없습니다. 테스트였기 때문이죠. 그중 통조림 쪽이 아무래도 가능성이 높았어요. 통조림과 피넛버터 등 할 수 있는 것이 많았죠. 과일 종류는 무궁무진했습니다. 지금 돌이켜보면 천억 원을 투자했어도 일 년이면 회수할 수 있었다고 봅니다.

— 고부가 가치 제품에 주력한 것 같습니다. 차별화된 접근으로 보이네요.

≡ 어차피 북에서 아이템을 만들어 올 때는 저가 상품은 손대면 안 됩니다. 저가 아이템은 중국에서 얼마든지 가져올 수 있

으니까요. 제가 제3의 아이템으로 생각한 것이 참깨, 고춧가루, 마늘 등인데요. 북에서는 고추나 마늘, 참깨 농사 자체가 잘 되지 않습니다. 농사가 안 되는데 무슨 마늘, 참깨, 고춧가루를 가져오겠어요. 대신 가서 농사를 지으면 되죠. 상상하지 못하는 곳에서 농사를 짓는 것이에요.

— 남북 경협 사업의 가장 큰 리스크는 무엇이라 보나요?
= 정치적 변수예요. 5·24조치로 무궁무진한 창의력과 가능성이 물거품이 되어 버렸습니다.

— 경협이 재개된다면 다시 나설 의향은 있나요?
= 그동안 제가 투자한 금액의 원금은 회수해야 하지 않겠어요? 그것 때문에 국내 사업까지 피해를 입었는데 말이죠. 재개된다면 일 년만 하려 합니다. 일 년이면 원금을 회수할 수 있다고 생각합니다.

— 시스템적으로 보완해야 할 부분이 있나요?
= 간혹 중국에서 북한산으로 둔갑해서 와요. 그들이 상품을 어떻게 만들었는지, 누가 만들었는지도 제가 다 압니다. 그래서 잘못됐다고 하는 것이죠. 통일부는 정상적으로 남북 경협 사업을 하는 이들과 편법으로 하는 사람들을 명확히 구분해서

육성할 것은 육성하고 제재할 것은 제재해야 합니다. 정부에서 그것을 못한 것이에요.

— 5·24조치 등 정부의 행정 규제 등으로 피해를 많이 입었는데요. 정부가 이러한 피해 기업들에 어떤 책임을 져야 한다고 보나요?

≡ 제가 입은 피해액만도 수백억 원입니다. 20년 전 북한에 수백억 원을 투자할 수 있는 개인이 과연 대한민국에 몇 있겠어요. 어지간한 배짱 없이는 어려운 일이죠. 투자는 그만큼의 주문을 받고 움직이는 것입니다. 저는 정부와 민간 기업의 신뢰가 중요하다고 생각해요. 정부의 말을 믿고 대북 사업을 했던 기업인들에 대한 정부와 관계 공무원들의 책임 있는 자세가 필요합니다.

정부의 시스템적 지원 체제 확립이 관건

— 앞으로 남북 경협이 활성화되기 위해서는 법·제도적으로 어떤 개선이 필요하다고 생각하나요?

≡ 보험 제도입니다. 전에는 보험 자체가 없었어요. 보험회사에서 받아 주지 않았죠. 리스크가 크다고 봤어요. 정부 차원에서 제도적으로 만들어 주었어야 한다고 생각합니다.

＿ 이제는 교류 협력법이 개정되어 앞으로 북에 진출하는 모든 기업들은 보험 가입이 필수일 것 같습니다.

＝ 개성공단을 다시 활성화할 것인지, 제2의 개성공단을 조성할 것인지, 아니면 남북 교역부터 제대로 다시 풀 것인지 구체적이고 일관적인 대안이 나와야 합니다. 정책은 일관성이 있어야 해요. 농산물이 승인 없는 품목이었다가 갑자기 승인 품목으로 바뀌고, 지금은 전 품목을 승인 품목으로 만들었죠. 그게 5·24조치 바로 전에 일어난 일이었습니다.

＿ 만약 경기도나 여타 지방자치단체에서 적극적으로 지원을 해 준다면 지방 정부와 협력하며 사업을 진행할 의향이 있나요?

＝ 지자체가 투명하고 명확하게 한다면 가능하다고 생각합니다. 감사 기관 같은 경우도 남북 경협을 이해하고 당시 상황을 잘 아는 곳이 되어야 해요. 예를 들어 지난 2018년 피해 지원에서도 알 수 있듯이 심사 평가 위원회나 실태 조사 기관에 실제로 당시의 대북 사업을 이해하는 위원들이나 기관을 선정해야 하는데, 정부에서 지정하게 되면 서로 정부의 눈치를 보느라 기업들의 실제 사정은 반영이 안 되죠.

＿ 경기도나 여타 지자체에서 가칭 남북경협기업통합지원센

터를 운영하여 자기 사업 영역에 대한 전문성은 있는데 이곳에서 대북 사업을 잘 모르고 통일부 대관 업무도 까다로워하는 사업자를 지원한다면 어떨까요?

≡ 좋은 생각입니다. 제가 통일부에 들어가서 승인받아야 한다거나 인터넷으로 접수를 해야 할 때 통합 지원 센터에 기본 서류만 제출하면 대행해 주는 시스템이면 좋겠어요. 그리고 사업 자금이 부족할 때는 저리로 대출받을 수 있는 곳을 추천해 주면 좋을 것 같습니다.

저도 수출입은행에서 대출을 받았어요. 매년 10퍼센트씩 갚고 있지요. 받고 싶어서 받은 대출도 아니고 남북교류협력지원협회에서 권유해서 일단 받았는데 그것이 결국 제게는 빚이 된 게 아니겠어요?

남북교류협력지원협회에서도 지금 통합 지원 센터를 운영한다고 하는데, 그 역할은 기업의 입장에서 상황을 파악하고 경영상 어려운 곳에 대해 말 그대로 '지원'하는 것이 핵심이라고 생각합니다.

지원 센터가 만들어지면 통일부가 필요로 하는 서류는 무엇무엇인데 시간이 많이 지나 기업인들이 가지고 있는 서류로는 부족하니 대체할 수 있는 서류가 무엇인지, 혹시라도 가지고 있지 않으면 후속 조치로 어떤 서류를 추가로 제출해야 하는지 그 준비를 도와줄 수 있어야 합니다.

무조건 안 된다고만 할 것이 아니라 경협인들을 최대한 지원해 주는 방법이 무엇일지 서로 고민하고 솔루션을 제공해 줘야 한다고 생각합니다.

인터뷰를 마치고

정경진 대표는 인터뷰에서 남북 경협의 발전과 활성화를 위한 개선점을 몇 가지 제시했다.

먼저 남북 교역의 무관세 혜택을 노리고 중국산을 북한산으로 세탁하여 반입하는 경우가 있었으며 이로 인해 시장에서 북한산에 대한 신뢰가 떨어지기도 했다는 지적이다. 이에 대해서는 정부가 정직하고 건전한 사업자와 그렇지 않은 사업자를 구분하여 철저하게 관리해야 한다는 의견이었다.

정부가 일관성 있는 정책을 투명하게 적용하여야 사업자가 보다 수월하게 사업할 수 있다는 점도 지적했다. 농수산물의 경우, 정부의 반입 기준, 행정적 절차 등이 수시로 변해 사업자가 어려움을 겪었다는 것이다.

그는 정부나 지방 자치 단체가 통합적이고 적절한 남북 경협 기업 지원 시스템을 구축해 주기를 희망했다. 사업적인 전문성이 있어도 남북 경협의 행정적인 절차 등의 특수성 때문에 어려움을 겪는 사업자들을 위한 체계적인 지원 시스템이 필요하다는 것이다.

이에 더하여 그 자신처럼 북한 현지 활동, 물류 등을 고려하여 중국 등의 제3국을 통한 남북 경협의 사례가 다수 있다는 것, 중국을 통한 대북 투자를 명확하게 입증할 수 있음에도 피해 지원의 대상에서 배제된 것은 부당하다고 지적하였다. 통일부나 남북

교류협력지원협회가 이러한 투자를 명확하게 인지하고 있었고 5
·24조치로 인한 사업 중단으로 막대한 피해를 입었다는 것을 알
면서도 지원에서 배제한 것은 공정하지 못한 처사라고 억울함을
토로했다.

마지막으로 남북 경협 사업자들은 품질 및 물량에 대한 철저한
관리에 주의를 기울여야 한다고 지적하였다. 남북 교역 업체들이
북한 측의 일방적 공급 상품을 반입하는 과정에서 균질한 품질과
안정적인 물량의 확보가 어려웠다. 이에 비해 정경진 대표의 경
우, 북한 현지에서 자사 직원(중국인)들이 품질 관리와 물량 확보에
노력함으로써 높은 경쟁력을 확보할 수 있었다.

정경진 대표의 사업을 경영의 관점에서 평가한다면 몇 가지 특
징이 드러난다.

우선, 북한 사리원 통조림 공장의 대형 투자는 테스트 단계에
서 멈추었기 때문에 성공 여부를 판단하기 어렵지만 나진과 원산
에서의 사업은 안정적이고 성공적이었다. 북한산 두릅은 사실상
대체재가 없었고 시장에서 거의 독점적이었기 때문이다. 이는 정
대표가 품질 관리와 물량 확보에서 독보적이었다는 점을 잘 보여
준다.

다음으로, 투자 효율성 측면에서도 높은 평가를 내릴 수 있다.
5·24조치로 인해 성과를 내기 직전에 사업을 멈춰야 했지만 사전

에 확보한 구매 의향과 시험 제품의 시장 평가 등으로 보아 본격
양산으로부터 일 년이면 투자액을 충분히 회수할 수 있었을 것으
로 보인다.

다만, 아쉬운 대목은 정경진 대표가 북한 사업에 집중하려고
중국 사업을 정리한 것이었다. 선택과 집중의 경영적 판단은 이
해되지만 대북 사업의 국내외적 환경의 불안정성을 감안할 때 중
국 사업을 병행하였더라면 지금과 같은 경영상의 어려움은 다소
완화되었을 것이라는 아쉬움이 남는다.

6장

보수적이고
장기적인 접근이
리스크를 줄인다

중계 무역으로 리스크를 줄인 경협 컨설팅 전문가

이종근 ㈜드림이스트 대표

인터뷰를 준비하며

이종근 대표는 1984년 국내 대기업 상사에 입사하였고 1988년 7·7선언으로 회사에서 대북 사업팀이 만들어지면서 대북 사업 실무에 참여하였다. 대기업의 대북 사업은 중국 등 제3국을 통한 다자 교역 형태로 진행되었으며, 석탄, 디젤, 시멘트, 고무 등의 다양한 교역이 시도되었으나 실제적인 성과를 내기 어려웠다. IMF 이후 국내 대기업들은 수익성이 약한 사업을 정리해야 했고 그 상황에서 다니던 회사도 2004년 대북 사업팀을 해체하여 이 대표는 이때 퇴사했다.

그는 퇴사 후 한국무역협회 수석연구위원으로 입사하여 연구 활동과 대북 사업 희망 업체들을 위한 컨설팅 업무를 수행했다. 그는 자신의 경험을 활용하여 경협 기업인들의 어려움과 과제들을 해결하도록 노력했다.

대기업 상사에서 일할 때 인연을 맺은 중국 기업의 제안으로 드림이스트를 창업한 그는 2008년 북한산 무연탄 반입으로 대북 사업을 시작했다. 그는 구매자와 판매자 사이의 중계 방식으로 리스크를 최소화하여 사업을 안정적으로 수행하였다. 2009년 의류 위탁 가공으로 사업 영역을 확장했는데 수익성은 높지 않아도 안정적이었다. 2010년 5·24조치로 인해 남북 경협 사업은 중단되고 유럽 기업들에게 대북 의류 위탁 가공을 컨설팅하였다. 이마

저도 2017년 UN 대북 제재로 중단되었다.

이종근 대표를 인터뷰한 이유는 다음과 같다.

먼저 이 대표는 다른 인터뷰 대상들과 달리 남북 경협의 현실적인 어려움과 낮은 성공 가능성을 지적하기 때문이었다. 남북 경협에 대한 그의 보수적인 시각이 경협을 다시 열 경우 개선해야 할 점들을 도출하는 데 도움이 클 것이기 때문이다.

다음으로 그가 대북 사업에 실리적으로 접근하였다는 점도 중요하다. 경협 사업자들 대부분이 리스크를 감수한 데 비해 이 대표는 낮은 수익성을 감안해 중계 무역 등으로 리스크를 조금이라도 줄이는 방향으로 사업을 진행하였다. 그 결과 5·24조치로 인한 피해를 조금이라도 더 줄일 수 있었다.

마지막으로 이 대표는 대기업 남북 경협팀에서 10여 년간 일하고 한국무역협회에서도 남북 경협 기업 컨설팅 업무를 수행하는 등 약 20년간 남북 경협 실무를 체험하고 나서 사업을 열었기 때문이다. 충분한 사전 경험은 5·24조치로 인해 대북 사업이 불가능해진 상황에서도 그나마 큰 피해를 줄일 수 있게 한 자산이 되었을 것이다.

— 오랫동안 남북 경협 사업을 한 것으로 알고 있습니다.

= 1984년 LG상사에 입사했습니다. 당시는 북한과의 사업을 상상할 수 없을 때였죠. 첫 부임한 부서가 특수물자과라는 군수 물자 수출 부서였습니다. 5년 정도 경력이 쌓였을 때, 1988년 노태우 대통령의 7·7선언*이 발표되었어요. 북한과의 인적, 물적 교류를 확대하고 특히 대북 무역을 개방하겠다는 선언이었죠. 당시 군수 물자를 수출하는 부서는 대외 보안 유지 등 특수한 조건의 업무를 해 왔는데, 대북 무역도 이와 유사한 환경의 업무로 간주되었고, 이 때문에 제가 그 일을 맡게 되었습니다.

---

* 7·7선언은 1988년 7월 7일에 노태우 대통령이 발표한 '민족자존과 통일 번영을 위한 대통령 특별 선언'이다. 여섯 개 항으로 된 이 선언의 내용을 보면, 남북 동포의 상호 교류 및 해외 동포의 남북 자유 왕래 개방, 이산가족 생사 확인 적극 추진, 남북 교역 문호 개방, 비군사 물자에 대한 우방국의 북한 무역 용인, 남북 간의 대결 외교 종결, 북한의 대미·일 관계 개선 협조 등이다.(위키백과)

지금은 누구나 쉽게 이야기하지만, 당시는 모든 거래를 신고해야 했고 승인 절차도 복잡한 편이었습니다. 7·7선언 이후, 저희 회사를 포함해 거의 모든 종합상사들이 대북 사업팀을 운용하기 시작했는데 제가 저희 회사 초대 과장(현재의 팀장 역할)으로 임명되었습니다. 그렇게 시작한 것이 현재까지 온 것이죠. 어느새 33년의 세월이 흘렀네요.

— 당시 북한과의 사업라인 연결이 정말 어려웠을텐데 어떻게 개척해 나갔나요?

= 7·7선언이 있었지만, 당시 북한이 우리와 거래하겠다는 정책도 없었고 우리 일반 기업이 북한과 거래할 핫라인도 없었습니다. 저희는 해외 지점망을 통해 북한과의 거래가 가능한 중개상을 알아보는 것으로 시작했습니다. 돌이켜 보면, 저희뿐만 아니라 종합상사 대부분이 유사한 상황이었죠. 북한 사업을 할 수 있는 해외 파트너를 찾겠다고 경쟁적으로 뛰어다녔던 기억이 납니다.

북한과 가장 많은 교역을 해 오던 중국의 베이징, 단둥, 옌지 등에 출장을 자주 다니면서 적합한 파트너를 찾으려고 했는데, 당시는 한·중 수교* 이전이었어요. 그래도 대중국 교역이 비교

* 1992년 8월 24일에 이뤄졌다.

적 꾸준히 증가할 때여서 중국 기업을 활용하는 방안을 우선적으로 고려할 수 있었지요. 특히, 코트라(대한무역투자진흥공사)에서 공개하는 북·중 무역 거래 통계 자료를 참고해 대북 사업을 추진해 보고자 했어요. 당시 북한은 대남 교역에 대한 어떠한 정책도 공표한 바가 없을 때였습니다. 그래서 중국 거래 선을 중개인으로 활용해 대북 교역을 추진하는 데 초점을 맞추었죠. 중국의 대북 교역은 헤이룽장성(흑룡강성), 하얼빈시, 혹은 옌벤 조선족자치주 옌지시(연길시)에 소재한 무역회사들에 의해 추진되어 온 사실을 알게 되었고, 한국 기업들도 대북 사업 추진을 위해 경쟁적으로 그 지역 무역회사들을 찾아다녔습니다. 저희도 하얼빈시 소재 H기업과 파트너십을 맺고 바터무역(물물교환) 방식으로 대북 무역을 타진하게 되었어요.

당시에는 남북 간 직접 대금 결제를 할 수 있는 방안이 없었습니다. 그래서 중국 H기업의 도움으로 홍콩에 청산 결제 계정을 설치해 남북 교역의 대금 결제 문제를 해결하고자 했습니다. 북한은 중국산 옥수수, 쌀, 디젤유 등을 수입하고자 했고, 대신 북한산 시멘트, 석탄(무연탄), 아연괴 등을 수출하려 했어요. 북한에서 필요한 물자는 우리 한국에서 충분히 공급할 수 있는 것이었지만, 북한의 가격 조건에 맞추기 위해서는 중국산을 공급할 수밖에 없었습니다. 상호 조건을 맞추기가 쉽지 않았지만 당시 우리 정부는 북한산 물자 수입 시 무관세 혜택을 부여했는데, 이것이 매우 파격적인 지원 정책이었고 사실상 남북 교역을 촉진하게 된 결정적 계기가 되었습니다.

— 디젤유는 전략 물자라고 알고 있습니다. 어떻게 가능할 수 있었나요?

= 맞습니다. 디젤유는 전략 물자 분류 품목이어서 아마 지금이라면 정부의 승인을 받기 어려웠을 것입니다. 당시에는 거래 자체가 워낙 특수한 케이스라 정부에서 승인한 것으로 판단됩니다. 그런데 디젤유 거래는 그것이 마지막이었어요. 북한에서는 물자 대금으로 북한산 시멘트를 중국을 통해 우리에게 공급하는 것으로 청산코자 했어요. 우리와 직접 대금을 결제한 것은 아니었으나 그 시멘트를 제3국에 처분하여 대금 결제를 청산할 수 있었죠. 북한산 시멘트는 한국 수요자들이 꺼리는 품목이었는데, 베트남은 오랜 기간 북한산 시멘트를 수입해 사용했고 품질 기준이나 규격에 익숙해 있었습니다. 우리는 종합상사의 해외 네트워크를 잘 활용해 베트남 등 동남아 시장에 북한산 물자를 수출할 수 있었고 북한 회사와의 거래 실적을 조금씩 늘려갈 수 있었습니다. 이런 거래가 이어지다 보니 북한에서 긴급 구매 물자가 있을 때 우리에게도 문의하게 되었는데 이전에는 상상하기 힘든 상황이었지요. 한때 북한의 요청으로 태국산 생고무를 공급하고, 대신 북한산 전기아연을 공급받아

한국 시장에 판매하는 거래도 성사시킨 바 있었습니다.

— 남북 경협의 초기 상황은 알려진 게 별로 없는데요. 더 듣고 싶습니다.

＝ 북한 대외 무역의 상당 부분이 중국이었고, 다음은 동남아시아 국가들이었습니다. 주거래 대상도 중국 기업들이었고요. 당시 북한은 우리보다도 대사관 수가 많았습니다. 북한의 해외 대사관에 있는 경제 참사들은 현지 무역 알선을 하는 사례가 많았는데 그것이 북한의 대외 무역 중 일부를 차지했고, 이를 제외한 대부분의 대외 무역은 북·중 무역이었어요. 북한 전체 무역의 60~70퍼센트를 차지할 정도였죠.

우리는 중국 파트너와 북한 물자를 주고받는 물물교환 방식의 거래를 추진했습니다. 북한에서 구매하려는 물자는 소량 다품종이었고 주로 중국산에 해당하는 물자였어요. 우리와 북한 간에 직접 거래가 성사되기에는 품목, 품질 수준, 시장, 대금 결제 조건 등을 맞추기 매우 어려웠습니다. 그래서 거래를 확대하기 위해 일정 한도를 설정한 청산 계정을 두고 물자를 교환해 나가고, 3~4개월에 1회씩 정산해 실제 주고받을 대금을 청산하는 방식이었어요. 중개인이었던 중국 측 파트너가 홍콩에 청산 계정을 설치해 이를 활용케 되었습니다.

대북 사업을 돌이켜 보니 참 어렵고 성공시키기 어려운 사업이었다는 결론에 도달하네요. 케이스별로 시의적절하게 성공할 수 있었지만, 장기적으로 가면 결국 실패로 귀결되는 경우가 많았습니다. 이는 누구의 문제라기보다 당시 시스템으로는 정상적인 상거래가 어려웠기 때문이라고 생각해요. 북한 거래선들도 상거래 신용의 중요성을 잘 알고 있었지만, 시스템 자체가 국가적으로 작동하다 보니 기업 차원의 거래는 항상 우선순위에서 밀릴 가능성이 컸기 때문이지요.

북한산 무연탄 수입, 5·24조치로 중단되다

— 2000년대 후반 남북 경협에 직접 나섰는데, 계기는 무엇이었나요?

＝ 2004년에 결국 제가 다니던 회사는 대북 사업 중단을 결정했습니다. 부서원들은 모두 흩어졌고, 다른 종합상사들도 거의 대북 사업을 중단했습니다. 1997년 IMF사태 때부터 시작됐다고 볼 수 있죠. 그때 대북 사업은 수익성이 없고, 단기가 아닌 장기적 전망을 보고 추진하는 사업이란 인식이 강했습니다. 각 기업들이 사업성 떨어지는 사업을 줄여 나가야 할 상황이었으니 대북 사업은 많은 기업이 포기할 수밖에 없었을 거예요. 저희 회사도 2004년 팀을 완전히 해체하였습니다.

이후 저는 회사를 퇴사하고 2004년 한국무역협회에 입사하게 되었고, 그간의 경력으로 연구와 자문역을 맡게 되었어요. 4년을 근무했는데 대북 사업을 문의하는 사업가들에게 남북 경협의 상황을 소개하고 경험을 전수하기 위해 노력했고, 벤처 정신을 갖춘 기업인들에게는 최대한 남북 경협 현황과 사례를 현실성 있게 소개하고자 했습니다. 그러던 중 2008년부터 갑자기 한국으로 북한산 석탄이 대량 수입되어 들어오기 시작했어요.

그때 오랫동안 알고 지내던 중국 파트너로부터 연락이 왔습니다. 중국 파트너와는 퇴사 이후에도 자주 연락하며 자문을 구하곤 했었죠. 중국 파트너는 제게 지금 한국으로 북한산 석탄이 많이 들어가고 있는데 본인이 얼마든지 공급해 줄 수 있으니 빨리 회사를 설립해 개인 사업을 시작하라고 말했어요. 하지만 저는 사업가 기질을 가진 사람이 아니라고 생각했고 20년 이상 대북 사업의 중심에 있었지만, 워낙 실패 사례가 많았기 때문에 '자신이 없다.'고 답했습니다.

중국 파트너는 저를 설득하기 위해 스태프를 제게 보내왔는데, 하필 그때 포항에서 가탄제 공장을 운영하는 지인이 찾아와 '북한산 석탄이 한국으로 많이 들어오는 것 같은데 그것을 구매하고 싶다.'며 문의해 왔습니다. 판매자와 구매자 양측에서 제게 중개를 부탁해 온 상황이 되었고 며칠 고민하다가 개인 사업을 시작하자는 결심을 하게 되었습니다.

2008년 7월 31일 무역협회를 퇴사하고 그해 8월 11일 현재의

회사를 설립했습니다. 중국 파트너는 당장 석탄을 보낼 수가 있다고 서둘렀으며 남북 간 거래는 문제 발생 소지가 많지만 북·중 거래에서는 문제가 거의 없다며 자신감을 보였습니다. 그래서 믿고 시작했지요.

— 북한 측 거래 상대방은 누구였나요?

≡ 북한산 석탄 수입의 계약 상대는 중국 파트너였습니다. 북한의 대남 창구인 민경련(민족경제협력련합회)은 당시 석탄을 다루지 않았어요. 무연탄은 북한이 중국과 주로 거래하던 품목이었고 공급자와 수요자가 북·중 간 자리 잡고 있던 품목이었지요. 북한에서는 석탄을 국가적 전략 품목으로 분류하면서 한국으로는 직접 수출하지 못하는 품목으로 분류하고 있었습니다. 우리를 포함한 한국 회사들은 중국 회사가 북한으로부터 수입한 무연탄을 한국으로 재수입한 것이어서 직접 민경련과 계약하지는 않았습니다. 즉, 중국 파트너가 거래 알선 역할을 하는 게 아니라 북한으로부터 석탄을 직접 수입해 다시 한국으로 재수출하는 중개 무역 방식으로 추진한 것이죠. 수입 신고 시 원산지는 북한산으로, 공급자는 중국 기업으로 명시했습니다. 석탄은 원산지 관계없이 무관세 품목이라 거래 내용을 사실 그대로 적시하면 문제될 것이 없는 품목이었어요. 그렇게 석탄 반입 사업을 시작하게 되었습니다.

_ 이후 북한과의 석탄 교역은 어떻게 진행되었나요?

= 석탄 교역으로 3년 정도 회사의 운용 자금을 충분히 충당할 수 있었고 흑자 결산서도 낼 수 있었습니다. 도중에 리먼브라더스 사태* 등 국제 금융 위기도 있었습니다만 확실한 공급선과 국내 바이어가 있었고 그들이 믿고 지원해 주었기 때문에 사업 초기가 무난했습니다. 덕분에 이후 의류 위탁 가공 사업을 추진할 계기도 만들 수 있었지요.

그러나 2009년 이후 북한산 무연탄의 수입량이 급증하면서 여러 부작용이 나타났습니다. 그러다 전혀 예상치 못하게 2010년 5월 24일 대북 교역을 중단한다는 우리 정부의 5·24조치가 발표되었어요. 이미 계약된 물량은 수입을 허용하는 일부 유예 조치를 받을 수 있었으나 기간이 제한적이었습니다. 기존 사업도 유예 조치를 받았지만 결국 2010년 말 대북 교역을 완전히 중단할 수밖에 없었습니다.

_ 북한산 무연탄이 품질 면에서는 어땠나요?

= 품질이 매우 좋은 편이었습니다. 예전에는 일본도 줄곧 수입하던 무연탄이었지요. 무연탄 칼로리의 종류도 4천 칼로리부터 7~8천 칼로리까지 비교적 다양하게 공급되었고, 특히 휘

---

* 2008년 세계적 투자 은행인 리먼 브라더스의 파산으로 시작된 금융 위기 사태.

발분이 적게 함유되어 가탄제나 성형탄을 제조하기에 좋은 품질이었어요. 상대적으로 가격도 낮았는데, 이는 생산 원가가 낮았기 때문으로 추정됩니다. 세계 석탄 무역의 95퍼센트가 유연탄이고 무연탄은 5퍼센트 정도를 차지하고 있었는데, 북한에서 수출하는 석탄은 대부분 무연탄이었습니다.

— 5·24조치로 남북 교역이 중단됩니다. 석탄도 마찬가지죠?
= 5·24조치로 갑자기 모든 게 중단됐습니다. 삼 년간 총 12만 톤의 석탄을 반입했었죠. 그런데 5·24조치 몇 달 전 이명박 대통령 취임 후 국회에서 북한산 석탄의 반입에 있어, 그것이 북한 군부에서 취급하는 물품이라는 표현으로 문제가 제기됐습니다. 그 이후 북한산 석탄의 반입이 줄어들다가 5·24조치로 완전 반입 금지 조치가 시행됐습니다. 이후 모든 북한산 물품의 반입을 불법으로 규정했고요.

의류 임가공은 5·24조치 이후에도 계속되다가
유엔 제재로 중단되다

— 의류 임가공 사업은 어떻게 시작하게 되었나요?
= 중국 파트너의 요청으로 의류 위탁 가공을 하게 되었는데, 민경련과 계약을 맺고 시작했습니다. 의류 위탁 가공은 북한에

원부자재를 공급해 완제품을 생산한 후 한국으로 반입하는 거래였는데, 의류의 수입 관세가 당시 중국산의 경우 13퍼센트였는데 북한산은 면세여서 관세만큼 이익이 남는 품목이었습니다. 북한은 1995년부터 국가 방침으로 모든 대남 거래를 민경련 단일 창구로 진행했습니다. 많은 한국 업체들이 생산 단가가 낮은 북한에서 의류를 가공하게 되었지요.

— 언제부터 시작했나요?
═ 본격적으로는 2009년부터입니다.

— 의류 위탁 가공 사업의 절차를 알려 주세요.
═ 유통업체에서 발주가 나오면, 주요 원자재는 발주처인 패션업체에서 공급해 주었고 기타 부자재는 중국에서 조달했습니다. 모든 원부자재를 단둥 창고에 집하하여 검사한 후 압록강대교를 건너 북한에 인도했습니다. 평양과의 모든 연락은 단둥에서 전화로 진행했고, 검사가 필요하거나 공장에 문제가 생기면 중국인 기술자를 현지로 파견했습니다. 완성품에 대한 검사는 견본을 받아 중국에서 할 때가 많았고, 고가의 의류일 경우 중국인 검사자를 평양 현지에 파견했습니다.

선적은 남포-인천 직항로를 이용하기도 하고, 신의주-단둥-인천항을 경유하기도 했습니다. 중요한 상담은 단둥에 모여서 했는데 어렵지 않은 의류들은 사진과 견본을 주고받았습니다. 북한 기술자들이 워낙 기술적으로 뛰어나 품질 사고는 비교적 적었어요. 향후 남북 경협이 재개되면 의류 위탁 가공 교역이 우선 이루어질 것으로 판단합니다. 서로의 경험도 풍부하고 실제 시너지 효과를 낼 분야라고 평가합니다.

— 원부자재는 어떻게 조달했나요?

= 우리는 위탁 가공 주문을 발주자로부터 받았습니다. 그래서 모든 자재는 발주자가 공급하거나 원부자재 생산자를 지정해 주었습니다. 모든 원부자재가 우리가 지정한 물류 창고(주로 단둥 소재)로 집결하면 수량 및 품질을 확인한 후 육로를 통해 북한으로 발송해 주었죠. 의류 분야는 워낙 범위도 넓고 종사자나 기업들이 많아서 브랜드 유통업체, 원부자재 공급업체, 프로모션업체 등 역할이 잘 세분화되어 돌아갑니다. 단지 북한은 현장 접근 자체가 어려워서 바이어들이 아무리 매력을 느껴도 섣불리 발주하지 못했죠. 대신에 중국 기업들이 상당한 역할을 맡았기에 돌아갈 수 있었습니다. 이 때문에 의류 산업은 북한이 좀 더 개방적이라면 충분히 확대되고 발전할 수 분야입니다. 아마 북한 의류 전문가들도 다들 알고 있을 것입니다.

— 제품의 질은 어떠했나요?

= 의류의 품질은 좋은 편이었습니다. 단순 평가로 90점 이상은 줄 수 있습니다. 중국과 단순 비교하기는 좀 어려워요. 중국은 이미 1990년대 초 위탁 가공 무역을 줄이고 완제품 생산으로 돌아섰어요. 원부자재 조달이 거의 중국 현지에서 가능했던 거죠. 현재 중국산 원부자재 수준은 매우 높습니다. 그래도 단순 가공만 따진다면 북한이 더 우수하다고 봅니다.

— 물류는 어떤 루트였습니까?
= 당시 두 가지 루트가 있었습니다. 인천항과 남포항을 잇는 직항로가 있었고, 다른 하나는 인천에서 중국 단둥을 경유해 단둥에서 육로로 신의주를 거쳐 평양 인근 공장으로 운송하는 방식이 있었습니다. 운임의 차이는 크지 않았고 수준도 꽤 좋았습니다. 인천-남포 항로는 일반 한·중 무역에서 활용되는 중국 항로 운임의 3~4배였어요. 언뜻 편리해 보이지만 물량이 적어서 선사가 항차 수를 효과적으로 제공하지는 못했습니다. 중국 경유 항로를 일반적으로 선호했던 것 같아요. 개성공단을 통한 육로 운송이 상식적으로 편리할 듯하지만 실제로는 전혀 활용되지 못했습니다. 현재로서 육로 운송은 개성공단을 경유한 도로 운송이나 남북 철로를 이용한 철도 운송 두 가지를 고려할 수 있습니다만, 해결할 과제가 남아 있어 보입니다. 언젠가 북한 내륙 지역 운송이 가능해진다면 남북 물류 루트가 획

기적 개선될 것은 분명합니다.

___ 대금 결제는 어떤 방식으로 진행했나요?

≡ 우리가 북한 가공 회사와 직접 계약을 맺고 주문 집행이 종결되면 상호 계약된 금액(주로 가공비, 달러화)을 지정한 계좌로 송금하는 방식이었습니다. 남북 간 직접 금융 결제 제도가 없었기 때문에 북한 거래선이 지정하는 중국 내 은행의 계좌로 송금했지요. 그런데 나중에 그것이 위법임을 알았습니다. 계약 당사자가 아닌 제3자의 계좌에 송금은 위법 소지가 있다는 것이었죠. 이는 남북 간 직접적인 금융 결제 제도가 없는 상황에서 다른 방도가 없었어요. 추후 보완되어야 할 사항입니다. 남북 금융 결제 제도의 확립은 남북 경협의 발전과 성장에 가장 중요한 문제라고 생각합니다.

___ 중국 계좌로 보내서 곤란했던 사례가 있나요?

≡ 예, 2012년 경찰 조사를 받았습니다. 제3자에 대한 불법 송금 혐의였어요. 소명 자료를 제출하고 남북 간 대금 결제의 모순적 상황을 충분히 설명해서 무혐의 처리를 받아 냈습니다. 2002년 남북 회담에서 남북 청산 결제 제도 도입을 협의하였고 합의도 일부 이루어졌으나 실효화 조치가 이뤄지지 않고 있습니다. 남북 대화가 재개되면 가장 먼저 해결해야 할 문제입니다.

― 북한과 거래할 때 대금 송금은 언제나 어려운 문제입니다. 해법이 있을까요?

= 현행법에도 방법은 있다고 생각합니다. 제3자를 통하여 남북 간 거래 대금을 주고받을 때, 기획재정부 장관의 승인을 받고 통일부에서도 인정해 주면 됩니다. 북에서 현금을 요청하는 경우에는 여기에 한국은행장의 승인을 추가로 받으면 되고요. 하지만 한두 건의 단편 거래일 경우는 가능하겠지만, 거래 건수가 늘어나거나 다수의 업체가 경협에 참여하게 된다면 현실적이지 못하죠.

가장 좋은 방법은, 남북이 2002년 체결했고 남북 간 청산 결제 제도 도입을 명시한 '남북 투자 보장 기본 합의서'의 실효화 조치를 취하는 것입니다. 상거래에서 발생하는 사항들이 여러 가지 명시되어 있는데 양 당국에서 청산 계정을 설치, 운용하면 됩니다. 북한의 무역은행과 한국수출입은행 간 청산 계정을 운영하여 대금 청산을 지원해 준다면 해결될 것입니다.

― 5·24조치 후에도 이 사업은 계속된 것으로 알고 있습니다.

= 2010년 5·24조치가 시행되면서 갑자기 사업을 중단해야 할 상황이 되었습니다. 그나마 다행하게도 5·24조치 이후 우리 정부에서 일시적으로 유예 조치를 취해서 계절성 상품이던 가공 중 의류를 거의 다 반입해 올 수 있었지요. 한국은 완전 중단했

지만 중국과 유럽 지역 의류업체들은 계속 대북 의류 가공 사업을 진행했는데, 2017년 9월 UN의 제재 조치가 발효된 후 중단됐습니다. 한국이 중단한 시기는 2010년 하반기쯤이었는데 중국은 2017년 하반기였으니 우리보다 약 7년 더 사업했던 셈이죠. 저는 직접적인 의류 사업을 중단했지만, 당시 중국에 현지 법인을 둔 유럽계 회사들 중 일부가 대북 의류 가공 컨설팅을 요청해 참여하였습니다. 그 컨설팅 비용으로 회사를 유지해 왔는데 그나마 2018년부터는 모든 게 중단됐습니다.

— 5·24조치 후, 그러니까 중국에서의 사업을 자세히 설명해 주세요.

= 유럽에 있는 세계 유명 브랜드들은 중국에 있는 2천여 개 봉제 공장으로 주문을 발주합니다. 그중 일부 물량이 다시 북한으로 재발주되지요. 최종 검사와 마무리는 중국에서 주로 집행하기에 원산지는 중국이 됩니다. 이런 구조여서 2011년부터 한국 기업들이 대북 의류 위탁 가공을 중단했던 그 빈자리를 중국 의류업체들이 메웠다고 볼 수 있습니다. 물론 2017년 9월 섬유류에 대한 UN 대북 제재 조치가 발효된 이후에는 중국 기업들도 할 수 없었지만요. 그래도 중국은 제재 영향을 받지 않는 소규모 북·중 국경 무역을 꾸준히 이어 왔습니다. 이 점에서 본다면 우리 자체의 대북 제재(5·24조치)는 대북 사업자를 전혀

고려하지 않은 정책이었다고 생각합니다. 제가 2011년 이후 중국에서 컨설팅할 때 느꼈던 점입니다.

— 개성공단에서도 의류 임가공 사업을 많이 했다고 알고 있습니다. 개성공단에 들어가지 않은 특별한 이유가 있었나요?

= 개성공단은 자기가 공장을 짓거나 설비를 넣어야 됩니다. 그런데 우리는 그런 투자 여력이 없었습니다. 우리는 기존에 있는 공장에서 물건을 만들어 파는 게 투자하는 것보다 더 낫다고 판단했어요. 지금 투자한 회사들이 다 어렵지 않나요? 그러나 길게 봐서는 규모도 크고 고급 브랜드도 할 수 있는 개성공단 방식으로 가야 합니다.

남북 경협은 매력과 리스크를 함께 갖고 있다

— 북한과 사업하면서 무엇이 가장 어려웠나요?

= 통행, 통신, 통관을 일컫는 3통 문제*를 절실히 느꼈습니다.

---

* 3통 중에 '통행'은 통행 시간, 인원 수, 차량 수에 일정한 제한이 있어 자유롭지 못하다. 제한을 없애는 것이 이상적이지만, 군사 분계선을 통과해야 하므로 완전 제한 해제는 사실상 불가능하다. 그러므로 최대한 원활한 통행을 보장하는 것이 관건이다. '통신'은 인터넷, 유무선 통신 등이 원활해야 한다. 역시 군사 분계선을 가로질러야 하므로 매우 민감한 문제이다. '통관'의 핵심 과제는 시간이다. 공단으로 가는 원부자재, 공단에서 나오는 완제품, 기타 생산 설비 등의 물자 유통을 원활하기 위해 통관 절차를 간소화하고, 시설을 확충해 신속한 통관을 가능케 하는 것이 과제이다.

마음대로 오고 가지 못하고, 전화나 인터넷 교류가 안 되고, 육로 운송 등 통관, 물류 문제가 먼 외국과 거래하는 듯한 환경에서 사업을 추진해야 했지요. 기본적인 사항이 갖춰져 있지 않은 상태에서 경협의 발전을 기대하는 것은 모순이라고 생각합니다.

_ 북한 측과 소통할 때 중요하게 염두에 두어야 할 사항이 있을까요?

= 정치적인 부분은 빼고 이야기해야 합니다. 대부분이 선별되어 나오는 이들이어선지 몰라도, 전문적 영역이 뚜렷하고 비교적 순수한 분들이 많았습니다. 그리고 우리는 기업인들이 자신의 책임하에 자유롭게 이야기하는 편이지만, 그들은 일반 기업 소속이지만 국가를 대표해 이야기한다는 느낌을 많이 받았습니다. 우리는 전문 분야가 매우 세분화되어 있는 편인데 그들은 한두 사람의 리더가 종합적으로 상담을 이끌어가는 느낌을 받았어요. 어짜피 상담이란 이익을 전제로 하기에 북한을 너무 의식하지 않고 준비한 내용으로 대화하는 게 옳다고 봅니다.

상거래는 잘 진척되면 상호 간 이익도 얻고 좋은 관계로 발전하지만, 자칫 갈등이 생기면 수습이 쉽지 않습니다. 남북 간 상담은 만남도 쉽지 않고 기회가 잦은 것도 아니어서 상담 전에 준비를 많이 해야 합니다. 상담할 때 놓친 부분은 추후 확인이 어렵다는 전제하에 최대한 현장에서 협의 내용을 소화할 필요가 있습니다. 이런 점에서 민간 사업자이지만 때때로 남북 당국을 대표하여 상담한다는 자세가 필요합니다.

___ 전체적으로 사업 규모는 어느 정도였나요?

═ 저는 북한에 직접 투자한 것은 없었습니다. 일부 설비 투자는 중국 파트너가 했기 때문에 우리는 직접적인 투자 손실이 없었죠. 당시에 자본금 5천만 원으로 시작했고 수중에 여유 자금이 거의 없었습니다. 자재비, 운임 등의 운영 자금이 약 2~3억 정도 소요되었어요. 급한 상황이 있을 땐 중국 측에서 20만 달러 정도 범위에서 충당해 줬습니다.

5·24조치 이전 사업이 원만할 때는 교류 협력 기금에서 주는 사업 자금 대출이 없었어요. 5·24조치 후 회사가 어려울 때, 운영 자금으로 대출해 주었기 때문에 버틸 수 있었죠. 당시 제 나이가 50대 중반이었으니 집을 담보한다든지 주변 지인들로부터 자금을 융통한다든지 할 용기가 나지 않았습니다. 어려움에 처한 상태로 버티면서 남북 교역이 재개될 때까지 기다리는 수밖에 없었죠.

___ 중단되기 전 수익성은 어땠나요?

═ 석탄 수입은 규모는 컸지만 중개 수수료만 남았기 때문에

0.5~2퍼센트 정도의 수익이었습니다. 의류는 평균 3~5퍼센트의 수익을 목표로 했지만, 품질, 수량 부족 등 문제가 이어졌기에 기대 수익을 올릴 수는 없었습니다. 단둥의 중국인 인원을 활용해 비용을 최소화해야만, 사업이 유지되는 정도였습니다.

저희의 최고 매출은 18억 원이었어요. 석탄은 중개 수수료만 받아서 매출에는 반영이 안 되었고, 의류로 18억 원 정도까지 매출을 올렸죠. 매출을 높이려면 더 많은 인력을 투입해야 했지만, 문제가 더 발생하고 유지와 관리도 힘들어진다는 판단을 했습니다. 저희 실적이 경협 참여 업체들 실적의 중간쯤에 있었는데, 그리 보면 대부분 작은 규모의 거래를 하였다고 보입니다. 물론 대기업들도 다수 참여해서 추진했지만, 거래를 정상화하여 성공적인 결과를 낸 사업은 없었던 것 같습니다.

_ 위기의 순간은 없었나요?
═ 한창 석탄을 반입할 때, 세계적 금융 위기였던 리먼 브라더스 사태가 일어났습니다. 석탄으로 계약된 금액이 약 20억 원 정도 있었지요. 구매자 쪽에서 불가항력으로 대금을 결제할 수 없다고 전해 왔습니다. 환율이 800~900원이던 게 1800~1900원까지 올랐어요. 큰일이었죠. 중국 파트너에게 사정을 이야기했습니다. 그러자 중국 측이 자기들이 계약했던 당시 환율 890원으로 원화를 받아서 당사 통장에 두었다가 환율이 안정되었

을 때 송금해 달라고 했습니다. 이후 실제로 환율이 많이 내려 갔지요. 환율이 900원대였을 때, 중국 측이 일부 충당해 주어서 2~3퍼센트 정도 손해를 보고 송금했습니다. 한국 측 바이어, 중국 측 셀러, 중개인이었던 저희 회사 모두 신뢰가 있어서 해결된 사례입니다.

__ 남북 경협 사업 중에 성공 케이스라고 볼 게 있나요?

═ 현시점에서 판단한다면 성공할 만한 사업이 떠오르지 않습니다. 아마 개성공단 기업들이 문을 닫지 않고 무난히 유지해 왔다면 성공 사례라고 할 만하고, 금강산관광 사업도 좋은 사례로 평가받을 수 있었을 것입니다. 그러나 국가 전체로 본다면 대북 사업 추진 경험이 있는 기업의 수는 극소수라고 볼 수밖에 없어요. 사실 남북 경협을 한국 전체 상거래에서 본다면 0.1퍼센트의 비중도 되지 않을 것입니다. 남북 경협은 국가 차원에서 교류의 장을 조성하려 하였는데, 여의치 않았던 거죠. 비록 현재는 중단되었지만 언젠가는 다시 재개되어야 한다고 믿어요.

제게 많은 사람들이 남북 경협 사업을 문의해 옵니다. 현재 여건이라면 당연히 사업하기에 어렵다고 조언해요. 사업 환경을 다 설명하기도 벅찹니다. 더해서 대부분의 기업들이 그동안은 해외 사업을 자유롭게 추진해 왔고 그 상식에 입각해 사업을 평가할 테니, 그 상태로 남북 경협에 뛰어든다면 성공은 무척 어려울 것이고 오히려 상호 불신만 키울 수 있다고 조언합니다.

사실 개성공단은 평양 등 내륙 지역 경협 사업자들의 경험이 반영되어 기획된 프로젝트라고 생각해요. 좀 더 오래 갔으면 상호 윈윈이 가능했을 것이에요. 그마저 문을 닫았다는 사실이 무척 안타깝지만요. 그만큼 중요하고 모범적인 프로젝트였다고 생각합니다.

— 내륙 기업들보다 개성공단이 훨씬 더 장점이 많다고 보시나요?

= 그렇습니다. 개성공단을 만든 것도 기존 북한 내륙 경협 사업자들이 평양에는 전력 문제나 인프라 부족 등으로 어려우니 서울에서 가까운 개성에 공단을 만들어 보는 게 어떻겠냐고 제안한 아이디어에서 비롯한 것으로 알고 있습니다. 내륙에 투자한 분 중에는 개성공단보다 내륙 경협이 더 장점이 많다고 생각하시겠지만, 그분들이 적어도 3년이든 5년이든 무언가 정상화를 해 보셨느냐가 중요합니다. 사실 평양에서 공장을 가동했던 회사들도 중국에서 기술자가 들어가야 하고 중국인이 들어갈 때 개인이 아니라 거의 다 중국 회사에서 파견하는 형식이었어요. 우리는 직통 전화가 안 되니 중국에 의존할 수밖에 없고, 결국 거래의 주도권은 중국 측이 가지게 되었지요. 이런 문

제를 모두 감안해서 해결로 찾은 방안이 개성공단이었다고 평가합니다.

— 남북 경협의 매력과 리스크는 무엇이라고 생각하나요?

= 사업적인 매력이라면 무관세 혜택입니다. 반면 나머지는 모두 리스크라고 볼 수 있습니다. 상대방과 직접 통화하기 어렵고 만나기도 어렵죠. 커뮤니케이션을 제대로 못 하면서 사업을 해야 합니다. 물론 개성공단은 조금 다르다고 볼 수 있지만요. 대개는 소통이 되었어요. 그러나 평양 등 내륙 지역은 완전히 다릅니다. 완전한 의사소통은 불가능하고 중개인이 있어야 가능하죠. 그리고 사실상 자유로운 현지 왕래가 불가능한 상태입니다. 의류는 품질 관리가 매우 중요한데도, 검사자 현지 파견이 여의치 않았어요. 대부분 참여 업체들은 향후 언젠가 좋아질 시기가 올 것이란 기대감으로 버텨왔다고 봅니다. 우리가 3통(통행, 통신, 통관) 문제 해결, 네 개의 투자 보장 합의서* 실효화 조치 등을 강조하는 것은 상거래의 기본적 사항을 해결해 달라는 요구라고 봅니다.

---

* 남과 북은 2000년 12월 16일 제4차 남북 장관급 회담에서 4개 경협 합의서(투자 보장, 상사 중재, 이중 과세 방지, 청산 결제)에 서명한 다음, 각기 합의서 발효 절차를 진행시켰다. 이와 함께 '남북 경제 협력 제도 실무 협의회' 등 실무 접촉을 진행하여 4개 경협 합의서 이행에 필요한 후속 조치를 마련해 나갔다.(통일부 국립통일교육원 남북 관계 지식사전)

— 사업을 하면서 중앙 정부나 지방 정부의 지원을 받아 본 적이 있나요?

= 중앙 정부의 지원을 받은 바 있었으나 지방 정부의 지원을 받은 적은 없었습니다. 정부의 지원으로 한국수출입은행으로부터 남북 교류 협력 기금을 대출받아 회사를 유지하는 데 사용했습니다. 북한산 물자를 수입해 올 때, 수입 관세를 면세해 주는 정부의 조치가 사실상 매우 큰 혜택이었고 경쟁력이었어요. 그리고 7·7선언 이후 우리나라는 어느 정부든 남북 교역을 지지하고자 했지요. 다만 북한의 준비되지 않은 상황이 어려움을 가중시켰다고 생각합니다.

— 남북 경협을 위해 공공 영역에서 시스템적으로 보완이 필요한 부분은 무엇이라고 생각하나요?

= 우선 남북 합의를 신뢰할 수 있어야 합니다. 이전 합의를 제대로 이행하지도 않으면서 다시 새로운 합의를 만들어 내고 있어요. 그러니 이전 합의가 무시되는 것이지요. 상호 합의된 내용은 지켜진다는 신뢰를 우선 국민에게 인식시켜야 합니다. 그리고 남북 간 사업은 리스크가 큰 편인데 아무런 보장 장치가 없고, 문제가 발생해도 해결 수단으로서 상사 중재의 길도 현재는 막혀 있습니다. 때문에 정부가 나서서 보험 제도를 확립해야 합니다.

그리고 남북 교류 협력 기금의 사업자에 대한 대출을 늘려야 합니다. 남북 경협 30여 년사를 보면 크게 내륙 지역 협력 사업(투자 사업), 무연탄 반입, 의류 위탁 가공, 금강산관광 사업, 개성공단 사업 등으로 분류할 수 있을 것입니다. 이 중 가장 많은 수의 기업이 참여했던 분야가 의류 위탁 가공 사업이에요. 개성공단 사업도 50퍼센트 이상이 의류 가공이었던 점을 감안하면 의류 가공 사업이 주를 이루었죠. 그런데 남북 교류 협력 기금의 대출을 받아 사업을 추진했던 기업은 거의 없었습니다. 대부분 영세 기업이었기 때문에 그랬을 수 있지요. 경협의 발전을 위해 어느 정도 교역 실적이 검증된 기업들에 대해서는 적극적인 대출 지원이 필요하다고 생각합니다. 보험과 대출은 경협 촉진을 위해 가장 중요한 부분이에요.

__ 향후에 지방 정부가 경협 기업들을 위해서 어떤 지원이 필요하다고 생각하나요?

= 지방 정부도 향후 대북 투자를 희망하는 기업인들에게 북한에 대한 산업 정보, 투자 정보, 5·24조치로 인한 경협 기업들의 실제 상황 등 대북 사업 전반에 관한 정보를 제공해 줄 필요가 있습니다. 특히 과거 사례에 관한 정보가 매우 유익할 것인데, 기존 경협 기업들과의 정보 공유를 위한 역할을 해야 할 것입니다. 아울러 지방 정부는 직접 경협에 참여하거나 진출하기

보다 경협을 추진해 보고자 하는 지역 기업들에게 충분한 정보를 제공하거나, 경협 촉진을 위한 자금 지원 사업 등에 역점을 두어야 할 것입니다.

__ 남북 경협을 준비하는 기업들이 있다면 해 주고 싶은 조언이 있나요?

≡ 아직은 남북 경협의 환경이 열악하기 때문에 섣불리 뛰어들지 말아야 한다고 이야기하고 싶습니다. 대북 사업은 어려운 사업입니다. 그리고 무엇보다 당국 간 대화나 교류 분위기가 조성되어 있어야 하지요. 현재와 같이 당국 간 대화가 단절된 상태로는 사업을 포함한 모든 교류 자체가 어렵습니다. 성공 사례로 평가받던 개성공단에 직접 투자한 기업들도 향후 어떻게 진전시켜야 할지 판단이 어려울 거예요.

향후 경협 사업이 재개된다면 무엇보다 남북 관계의 상황을 잘 고려해 결정해야 할 것입니다. 기존 사업자들로부터 충분한 현장 정보를 파악한 후, 단기적 성과를 기대하기보다 장기적 안목으로 접근해야 해요. 아직은 경쟁적으로 해야 할 사업은 아니고 정부나 관련 협회, 기구들과 충분히 대화를 나누고 함께 보조를 맞춰 나가야 할 때라고 생각합니다.

인터뷰를 마치고

이종근 대표는 자신의 대북 사업과 대기업에서의 경험, 컨설팅 업무 등에 근거하여 남북 경협의 재개 시 고려해야 할 개선점을 제시하였다.

첫째, 대금 결제에 대한 사항이다. 남북 간 직접 결제가 불가능한 상황에서 제3국을 통한 대금 거래가 편법 또는 불법으로 오해를 살 수 있는 현실을 개선해야 한다는 것이다. 이를 근본적으로 개선하려면 남과 북이 2002년 체결한 '남북 투자 보장 기본 합의서'를 지금이라도 되살려 남북 청산 결제가 가능하게 해야 한다. 즉, 북의 무역은행과 우리 측의 한국수출입은행 간 청산 계정을 운영하면 해결할 수 있다는 것이다.

둘째, 정부는 남과 북의 합의를 이행함으로써 경협 전반의 환경을 개선해야 한다는 점이다. 이른바 3통 문제(통행, 통신, 통관)의 해결, 네 개의 투자 보장 합의서의 이행, 보험 제도의 확립 등으로 상거래의 기본 여건을 개선해 달라는 요구였다.

셋째, 지방 정부는 대북 사업을 희망하는 기업들에게 실질적인 도움을 주어야 한다는 주문이다. 경협 기업인들에게 북한 산업 정보, 투자 정보, 과거 경협 기업들의 정보 등을 공유하고 자금을 지원하며, UN 대북 제재 및 5·24조치 등의 제재 이해를 돕는 지원 플랫폼이 필요하다는 것이다.

넷째, 남북 경협을 준비하는 기업인들은 열악한 상황에서 쉽사리 진출하지 말고 관망하면서 당국 대화나 교류 분위기가 조성된 후에 진출하라는 것이다. 그리고 기존 사업자들로부터 충분한 현장 정보를 파악한 후 장기적인 비전을 수립하여 접근해야 한다고 조언했다.

이종근 대표가 수행한 대북 사업은 몇 가지 경영상의 특징이 있었다.

첫 번째는, 일반적인 경협 사업자들과 달리 실리적이고 보수적으로 접근함으로써 유사 시 발생할 수 있는 손실을 최소화하였다는 점이다. 물론 리스크를 줄인 반면에 수익성의 하락은 감수하였지만 이러한 접근은 중소 규모의 대북 사업을 준비하는 기업들에게 시사점을 줄 수 있을 것이다.

두 번째는, 사업을 시작하기 전에 구매자와 판매자를 확보하여 초기부터 매우 안정적으로 사업할 수 있었다는 점이다. 이는 이 대표와 중국 측 파트너의 인간적인 신뢰에 기반한 것이지만 경영적으로 큰 강점으로 작용했다. 이러한 신뢰 관계는 글로벌 금융 위기의 환율 급변 사태에서도 지불 불능의 위기를 극복하는 데 도움을 주었다.

마지막으로, 5·24조치로 인한 피해를 최소화하고 기업 유지에 도움이 된 보수적 경영이 과연 옳은 것이었느냐에 의문이 있을 수 있다. 이종근 대표가 증언하듯이 북한에서의 의류 가공이 경쟁력이 충분하고 사업 타당성이 있을 때 보다 적극적인 경영 판단을 할 수도 있었을 것이다. 이러한 판단은 다른 사업자가 동일한 선택지에 있을 시 다른 선택의 여지도 있다는 것을 지적한 것이다.

7장

신뢰하면
70퍼센트는
성공이다

북한 동해안 수산물의 독점 반입권을 확보한

윤범석 ㈜흥진교역 이사

인터뷰를 준비하며

이번 인터뷰는 코로나 바이러스의 대유행과 강릉의 지리적 위치로 인해 서면과 전화로 진행되었다.

주문진의 수산물 중계 회사 홍진교역은 2000년도까지는 주로 동해안의 조개를 일본에 수출했다. 그러다 2001년 6월 이후 북한산 수산물과 어패류 그리고 송이버섯, 더덕 등 임산물이 반입되던 시기에 홍진교역은 수산물과 어패류를 주로 반입했다. 북한산 수산물과 어패류의 경우 반입 상품의 사전 검수의 불가능, 시장 상황에 따른 판매 가격의 요동, 신선도 유지를 위한 물류와 통관의 신속한 처리와 적절한 관리의 난점 등 여러 가지 문제가 있었지만 노하우를 쌓아 가며 점차 안정화되었다.

홍진교역은 초기 3년 간 거래 관계의 안정화와 물량 확보에 주력하였고, 끈질긴 노력과 설득 끝에 대북 사업을 시작한 지 6년차인 2006년에 북한 동해안 수산물의 독점 반입권 계약을 체결하였다. 이후 안정적으로 급성장하던 상황에서 5·24조치를 맞아 사업이 중단되었다.

홍진교역은 다음 이유로 인터뷰하게 되었다.

우선 홍진교역은 북한 동해산 수산물과 어패류의 독점권을 확보했다는 점이다. 당시 북한산 수산물과 어패류는 여러 업체가 반입하고 있어서 독점권을 따기 매우 어려웠다. 이는 북한 측과 두터운 신뢰 관계의 구축과 안정적인 거래 유지 때문에 가능했을 것이다.

　다음으로 수산물과 어패류 반입은 수익성이 높은 반면에 반입 과정에서 폐사가 자주 발생하고 신선도의 관리가 어렵다. 홍진교역은 이러한 어려움을 극복하고 사업을 안정화시켜 고속 성장하였으며 이를 기반으로 물류 선박을 직접 용선하여 반입할 정도로 반입 규모가 커졌다. 이 점을 고려하여 인터뷰하게 되었다.

＿ 남북 경협 사업을 시작하게 된 배경을 설명해 주세요.

＝ 남북 경협 사업을 2001년 6월 시작해서 2010년 5·24조치 시기까지 진행했습니다. 2000년부터 북한 농수산물 반입을 모색하던 중 묵호항(강원도 동해시 묵호동에 있는 세관항)에서 중국 조선족 대리인과 만나면서 경협 사업을 시작하게 되었습니다. 북한 농수산물의 풍부한 자원, 저렴한 가격, 특수한 사업에 참여한다는 일종의 기대감 등이 어우러져 대북 교역 사업에 나섰지요.

＿ 대북 교역 사업을 시작할 때 진입 장벽은 없었나요?

＝ 진입 장벽보다는 사업 진행 자체의 어려움이 많았습니다. 우선 북한 정보가 부족했고, 통일부의 승인 제도*가 복잡해 어

* 남북 교류 협력에 관한 법률 제17조(협력 사업의 승인 등)에 따라 남북 협력 사업을 하려는 자는 협력 사업마다 요건을 갖추어 통일부장관의 승인을 받아야 한다고 명시되어 있다.

려움을 겪었습니다. 무엇보다 농수산물에 필요한 상품 검품을 하지 않고 반입해야 한다는 점이 가장 큰 애로사항이었지요.

＿ 북한 반입 상품이 국내 시장에서 어느 정도 경쟁력을 가지고 있었나요?

＝ 우리가 북한에서 반입한 주요 상품은 송이버섯, 더덕, 수산물, 어패류 등이었습니다. 남한에 없는 다양한 어패류를 반입할 수 있다는 강점이 있었고, 가격 경쟁력이 있었지요. 당시 국내 시장의 80퍼센트가 북한산이었고 검품할 수만 있다면 반입은 필수적이었습니다. 남한은 자유롭게 경쟁하는 시장 경제이기 때문에 북한 물품이 대량으로 국내로 유입되었고, 판매하지 못한 물품이 덤핑으로 나와 시세가 하락하곤 했습니다. 물론 그런 과정은 자연스러운 것이기에 시장에 맞추어 적절하게 수입했고요.

＿ 북한 농수산물 반입 과정에서 특별히 어려운 점은 없었나요?

＝ 우리가 수입한 수산물, 어패류가 생물 활어였기에 해상 운송 시 바다 날씨, 북한의 출항 일정 등에 따라 신선도에 영향을 많이 받았습니다. 운송이나 국내 통관 지연 등으로 폐사가 자주 발생하곤 했지요. 북한 사정으로 정확한 납기일을 준수하지

못하는 경우가 종종 있었는데 그 점이 어려웠습니다. 송이버섯도 선도鮮度 관리가 쉽지 않았고요. 그래서 중국 조선족 직원을 북으로 보내 사업 관리를 하게 했습니다. 수산물 반입과 병행해 진행했는데 많이 한 것은 아니었어요.

북한 동해 수산물의 독점 반입권을 확보하다

▬ 당시 반입 상품은 북한산으로 인정받았나요? 절차는 어떻게 했나요?

▬ 100퍼센트 북한산으로 반입했고 원산지 증명은 민족경제연합회에서 발급해 줬습니다. 타국과의 거래는 안 해 봤지만, 북한 상품의 반입 절차에 큰 어려움이 없었어요. 중국 선박 8~12척을 용선해서 원산, 흥남, 김책, 청진, 나진 등 북한 항구에서 남한 항구로 직항했습니다. 용선 비용은 유류대, 항비, 선박료, 남한에서 부두 사용료 등을 합쳐 750만 원 정도였고 소요 시간은 7시간 정도였습니다. 중국 선박이 출항하면 선박과의 통신이 불가능하기 때문에, 단둥의 민경련 대표부에 연락하여 남한으로의 입항 일자를 알 수 있었어요. 때문에 사전에 계획한 대로 물류를 운영하기 쉽지 않은 구조였습니다. 우리가 직접 상품을 검품할 수 없었고 활어 수산물과 어패류는 폐사 확률이 높아 그에 따른 어려움은 있었습니다. 통관 자체를 세관 시간

수산물 반입 선박과 차량

에 맞춘다거나 통관 준비가 끝나도 통관사가 임의로 일을 처리하는 등의 애로사항도 많았지요. 생물 활어 수입업자는 신속한 통관 후 물품을 판매해야 하기에 1초가 아쉬운 상황이었어요.

— 북한으로부터 동해 수산물의 반입과 관련, 독점권을 확보한 것으로 알고 있습니다. 그 과정을 알고 싶습니다.

＝ 단기간에 확보한 성과는 아니었습니다. 약 6년의 시간이 필

요했지요. 처음 3년은 안정적인 거래와 물량 확보에 주력했어요. 3년 후 처음 독점권을 제시했을 때 북한은 단호하게 거절했습니다. 그 후에도 지속적으로 독점권을 요구하면서 우호적인 친목과 유대 관계를 이어 갔어요. 그 결과 비로소 독점권을 얻을 수 있었습니다. 2006년에 동해안 어패류, 게류, 수산물에 대한 독점권 계약을 체결하게 되었습니다.

_ 북한 상품을 반입하던 당시 연간 교역 규모는 얼마였나요?
= 교역 규모는 연간 276만 달러 정도였습니다. 동해안의 어패류, 대게와 털게 등 게류 그리고 수산물에 대한 독점권을 확보해 교역이 급증할 시점에 5·24조치로 사업이 중단됐습니다.

시장은 항상 고정된 수익을 보장하는 곳이 아니죠. 저는 대략 30~40퍼센트 정도의 수익을 얻었습니다. 수익성이 좋은 품목으로는 사철 나지 않는 귀한 송이버섯을 꼽을 수 있습니다. 수익성이 낮은 품목은 전문적인 노하우가 없으면 적자를 볼 우려가 많은 어패류였어요.

_ 교역 사업은 북한과 직접 했나요, 아니면 제3국을 통해 진행했나요?
= 초창기에는 북한의 농수산물 수입을 위해 중국 단둥에 있는 조선족 대리인을 통해 단둥 민경련 대표부과 연락해 사업을

진행했습니다. 북한 파트너는 민경련 대표부이지만 중국 조선족을 통해 진행했지요. 통일부에서 북한 주민 접촉 승인을 받고 전화와 팩스로 민경련 대표부에 연락해 북한의 상품 목록, 반입 조건, 품질 등을 협의했어요. 북한이 일방적으로 제시하는 계약 조건도 있었지만 대체로 잘 협의했고 소통의 문제는 없었습니다.

— 북한 상품의 반입 가격은 계약으로 정했나요, 아니면 시세에 따라 변동되었나요?

= 모든 상품이 그렇지만 귀한 상품은 가격이 오르고 흔한 상품은 안정적이었습니다. 상품 가격은 계약 시 정했으며, 시세가 좋은 품목은 다음 계약 때 가격을 올리는 식으로 했어요. 특히 무관세 정책은 폐사 피해를 복구하는 데 조금이나마 도움이 되었다고 생각합니다.

반입해 온 어패류 등 수산물

— 계약서는 세부적인 사항을 북한과 서로 협의하면서 작성했
나요? 아니면 많은 대북 사업자의 사례처럼 간략한 계약서였
나요?

= 거의 북한에서 제시하는 계약 조건에 따라 작성했습니다.

— 중국산을 북한산으로 속여 들여오는 수입업자도 있다고 들
었습니다.

= 일부 수입업자들이 원산지 증명서를 위조해 중국산을 북한
산으로 둔갑시켜 많은 물량을 남한으로 들여온 적이 있었어요.
그 결과 시장이 엉망이 된 적이 많았죠. 밀수하면 선도 유지가
어렵고 육안으로는 식별이 쉽지 않아도 그런 상품을 먹어 본
사람들은 북한 수산물 어패류에 대해 부정적일 수밖에 없어요.
그런 인식으로 인해 정식으로 반입하는 업체들이 힘든 적이 있
었습니다.

— 북한 사람을 상대하면서 견지한 마음가짐이랄까, 기본 원
칙은 무엇인가요?

= 상대에게 거짓말을 하면 도움이 안 됩니다. 진실한 마음으
로 사업의 어려움을 토론하면 어느 정도 해결할 수 있습니다.
북한 사람 개개인은 기본적으로 착하다고 생각해요.

정부 조치로 인해 발생한 손실은 국가가 보상해야

— 5·24조치 이전, 그러니까 중단 이전에 사업은 성공적이었다고 보시나요?

= 수년간 피나는 노력으로 교역이 안정적으로 진행될 수 있었습니다. 그러나 5·24조치로 인해 한순간에 중단되었죠. 북한 대표단에게 상품 선도 유지의 중요성을 알리고, 선도 관리를 위해 우리가 가지고 있는 지식을 전수했어요. 서로의 신뢰속에서 70퍼센트는 성공했다고 평가할 수 있지요. 북한 상품의 질을 높이는 데 많이 노력해 정상화에 이르기까지 4~5년이 걸렸고, 그 후에는 남한의 시장 현황을 보면서 물량을 조절하면서 수익을 창출했습니다.

북한 측과의 신용을 바탕으로 북한의 동해안 수산물 전체 독점권을 확보했다는 점이 가장 성공적인 부분이었습니다. 남들이 하지 못한 북한 동해안 수산물 전체의 영구 독점권을 계약한 것이 평생 기억으로 남을 것 같아요. 그리고 흥진교역은 북한에 물품 대금 중 단 1달러도 미지급한 것이 없다는 것에 자부심을 가지고 있습니다.

— 남북 경협 중단으로 인한 피해는 구체적으로 어떠했나요?

= 오랜 세월 북한과 교역을 통해 신용을 얻었지만, 한순간에

잃게 되었습니다. 또한 북한 동해안의 수산물, 게류(대게, 털게), 어패류 전체 물량에 대한 영구적 독점 계약도 잃고 말았죠. 그리고 영구 독점권의 상실은 영업권 상실로 이어져 경제적 피해를 입었습니다. 무엇보다 현시점에서 북한과의 기존 계약은 그 얼마의 비용을 들여도 다시 할 수 없어 피를 토하고 쓰러질 것 같은 심정입니다. 유동 자산 피해액, 수입 중단으로 인한 구매 영업 손실, 국내 거래처에 대한 영업권 상실 등의 금전적 피해를 입었어요. 이런데도 정부는 아무런 보상도 없이 5·24조치를 단행해 홍진교역과 많은 기업들에게 큰 피해를 주었어요. 또한 경협 중단으로 인해 북한에 선수금을 지급하고 상품을 받지 못한 피해도 입었습니다.

— 정부에 건의하거나 요구한다면 무슨 말을 하고 싶나요?

≡ 5·24조치로 발생한 유동 자산, 영업 손실, 영업권 상실로 인한 피해 등 모든 경제적 피해 보상은 정부가 해야 합니다. 정부는 아무런 대책도 없이 남북 교역에 매진했던 모든 기업에게 말로는 표현할 수 없는 막대한 손실을 입혔어요. 그리고 구경만 하는 실정이지요. 전 재산을 들여 북한과 교역을 한 경협 사업자들이 정부의 갑작스러운 조치로 엄청난 고통을 겪었음을 기억해야 합니다. 사업자들이 당시 북한에 투자된 유동 자산을 회수하려고 안간힘을 써 보았지만, 투자금을 회수할 시간도 없

이 정부가 대책 없이 교역을 중단시켰습니다. 홍진교역도 이루 말할 수 없는 경제적 손실을 입었고요.

___ 향후 남북 경협이 재개되면 다시 추진할 의향이 있나요? 경협 재개 시 개선되어야 할 점은 무엇이라고 생각하나요?

= 남북 간 정세가 안정만 되면 할 수 있습니다. 지금까지의 경험에 비추어 충분히 잘할 수 있는 영역이에요. 재개되면 잘 알고 있는 영역인 농수산물 분야를 다시 하고 싶습니다. 물론 현장을 가지 못한다는 어려움과 반입할 상품을 검품할 수 없다는 점은 여전히 어려운 부분이지만요. 경협은 남북이 서로 상생할 수 있어 다시 할 수 있다는 생각입니다. 다시 5·24조치처럼 정부가 일방적으로 교역을 중단시켜 버린다면 전 재산을 투자해 사업을 열심히 한 죄 밖에 없는 기업인들은 또다시 생활의 터전을 잃고 고통 받을 것입니다.

___ 남북 경협의 매력과 리스크는 무엇인가요?

= 남북 경협의 매력은 모든 기업인들이 진실한 마음으로 사업에 임하면 좋은 사업 기회를 찾을 수 있다는 점입니다. 반면 남북 간 정치적 대립은 경협의 가장 큰 리스크 요인이라고 생각합니다.

― 경협 사업 수행 시 시스템적인 보완이 절실하다고 느낀 부분이 있나요?

= 현지에서 품질 검품을 할 수 있게 정부가 나서서 시스템적으로 보완을 해 주었으면 합니다. 그리고 우리 같은 생물을 다루는 반입 업체에게는 국내에 물품이 도착하면 빠른 통관 절차가 필요해요. 상품을 최대한 빨리 판매해야 하니까요. 5·24조치로 우리를 비롯해 많은 기업들이 북한에 남아 있는 계약금, 투자금, 건물 등 모든 것을 잃고, 상상도 못 하는 어려움을 겪고 있습니다. 이런 상황에서 벗어날 수 있도록 하루빨리 국가에서 손실 보상을 해 주어야만 합니다. 국가의 결정으로 인해 발생한 상황 아닌가요.

― 정부가 어떤 책임을 져야 한다고 생각하나요?

= 사업의 성공과 실패는 개인과 기업에 달려 있습니다. 하지만 정부 조치로 인해 발생한 피해는 손실 보상을 소급 적용하는 법이 마련되어야 해요. 말로만 국민을 책임질 것이 아니라 각 기업 또는 개개인의 손실을 파악해 소급 적용하여 손실 보상하는 것이 국가의 책무라고 생각합니다. 국가의 행정 조치로 인해 피해가 발생했을 때 남북 교역을 한 기업들에게 보상을 해 주는 '손실 보상법'이 마련되면 언제라도 교역은 시작될 것입니다.

— 남북 경협을 준비하는 기업을 위해 꼭 해 주고 싶은 조언이 있나요?

= 정부의 보장이 먼저 필요해요. 사고 발생 시 정부에게 피해 보상을 받는 조건으로 경협을 시작해야 합니다. 그리고 교역 시에는 북한의 물품을 검품할 수 있는 조건 등을 확보해야 하고요. 어떤 물품을 반입하던 판로가 필요하고, 정확한 품질이 보증되어야 합니다. 북한은 계약서를 세밀하게 작성하지 않는 경향이 있는데 어렵더라도 계약서를 정확하게 작성해야 한다고 조언하고 싶습니다.

인터뷰를 마치고

윤범석 이사는 남북 경협이 재개되고 다시 활성화되기 위하여 몇 가지 개선점이 필요하다고 조언했다.

첫째, 당시 중국산 어패류가 북한산으로 둔갑하여 반입하는 일부 업체들의 불법적인 행태로 인해 북한 상품에 대한 소비자들의 부정적인 인식이 형성되었다고 한다. 이 때문에 정상적으로 사업하는 업체들이 큰 피해를 입은 바가 있으므로 향후 남북 교역이 재개될 시 통일부와 당국의 철저한 관리가 필요하다고 역설했다.

둘째, 5·24조치로 인한 사업 중단으로 재무적 피해라는 정량적 측면과 함께 여러 가지 정성적 가치를 잃게 되었다고 한다. 우리 정부는 경협 기업의 피해를 산정할 때 정량적 가치만을 평가하지만 남북 교역의 정성적 가치는 이보다 훨씬 더 클 수 있다는 것이다.

홍진교역의 사례에서 보면 1) 오랜 세월 북한 측과의 인간적 교류로 신용을 얻었으나 한순간에 잃게 되었다. 2) 북한 동해안의 수산물, 게류(대게, 털게), 어패류 전체 물량에 대하여 홍진교역이 포기하지 않는 한 영구적으로 독점 계약을 한 상태였으나 독점권을 잃었다. 3) 현시점에서는 북한과 위와 같은 내용의 계약을 수백억 원이 들어도 다시 할 수 없다는 점이다.

셋째, 정부는 남북 경협 기업들에 대해 철저하게 책임지는 자세를 가져야 한다고 지적했다. 다수의 경협 기업들은 정부의 행정 조치로 인해 일방적으로 사업을 중단하였음에도 적절한 피해 보상을 받지 못하였고 홍진교역도 마찬가지이다. 또한 향후 경협이 재개될 시에도 정치적인 이유로 경협을 중단시켜서는 안 되며, 중단으로 인해 피해가 발생할 때에는 반드시 이에 대한 보상을 하는 법적·제도적 시스템을 구축해야 한다고 강조했다.

넷째, 남북 경협 기업들을 위한 시스템적인 정비가 절실하다는 것이다. 경협을 준비하는 기업들을 위한 정보나 안내가 필요하며, 교역 시 사전 검품할 수 있도록 정부가 노력해 주길 희망하였으며, 생물 반입의 경우 빠른 통관이 가능하도록 시스템적인 정비를 요청하였다.

다섯째, 남북 경협을 준비하는 기업들에게는 정부의 행정 조치 또는 여타 사유로 경협이 중단될 때 정부가 책임진다는 조건이 보장되는 경우에 경협을 시작하라고 조언하였다. 교역 시에는 가능한 사전 검품 및 품질 보증 등의 조건을 확보할 것과 북한 측과의 계약도 정확하게 작성할 것을 조언했다.

홍진교역의 대북 사업을 경영의 관점에서 판단하면 두 가지가 인상적이다.

하나는, 북한 동해안 지역의 수산물 독점권을 확보하여 안정 수급과 시장 안정을 도모할 수 있었다는 점이다. 인터뷰이도 지적하듯이 다수 업체가 경쟁적으로 반입하면 수급 상황에 따라 시장 가격이 불안정해질 수밖에 없으며 북한 측에게 불필요한 경쟁적 오퍼를 제공할 수밖에 없을 것이다. 홍진교역은 독점권의 확보로 안정적이고 지속 가능한 반입을 하는 기반을 조성했던 것이다.

다른 하나는, 수산물 생물 반입은 신선도 유지와 물류 시스템을 구축하지 못하면 수익을 창출하기 까다로운 사업 분야인데 이를 극복할 수 있었다는 점이다. 특히 북한처럼 통신이 어렵고 선적 현장을 확인할 수 없는 악조건에서 안정적인 수산물 반입 시스템을 구축했다는 점은 높은 평가를 받을 만하다.

주요 용어 해설

12·1조치

북한이 2008년 12월 1일 일방적으로 취한 조치로, 교류 협력 인원의 통행 제한, 개성공단 상주 인원 감축, 남북 간 철도 운행과 개성관광 중단, 경협협의사무소 폐쇄 등이 주요 내용이다. 금강산관광 중단, 전단 살포, 김정일 위원장 건강 이상과 급변 사태설 등에 대한 반발이었다. 북한은 이 조치를 2009년 8월 21일 해제하였다.(출처: 통일부, 국립통일교육원)

3통 문제

흔히들 '3통'으로 줄여서 사용하는 이 용어는 '통행·통신·통관'을 뜻한다. '통행·통신·통관'은 국가 간 또는 서로 관할 주체가 다른 지역 간 교류 협력을 하게 되는 경우 사람과 차량, 물자의 이동, 정보·통신의 교환 등에 필요한 사항이다. '통행·통관'은 공항을 통해 외국을 오고갈 때 거치는 출입국과 세관 검사 등을 연상하면 된다. 물품 역시 공항이나 항만에서 통관 절차를 거쳐 반출입이 이루어진다. '통신'은 전화, 우편, 인터넷, 전파 등을 이용한 정보 교환을 말한다. 국가 간에는 경제 교류 협력을 활성화시키기 위해 협정 체결, 최신 장비 설치 등을 통해 통행·통신·통관이 빠르고 효율적으로 처리되도록 노력을 기울인다. 남북한 간에도 금강산관광, 개성공단 등 군사 분계선을 넘나드는 경제 교류 협력이 활성화되면서 '3통'이 남북 관계에서 중요한 과제의 하나로 제기되었다.(출처: 통일부, 국립통일교육원)

네 개 경협 합의서

네 개 경협 합의서는 '투자 보장', '이중 과세 방지', '상사 분쟁 해결 절차', '청산 결제'에 관한 합의서들을 말한다. 남북 경협의 안정적 추진을 위한 제도적 마련을 위해 남북이 협의하여 2000년 12월 남북 장관급 회담에서 서명하였다. 이후 각기 필요한 절차를 밟아 2003년 8월 20일 발효되었다. 국제적 기준에 충실하면서도 남북 관계의 특수성을 반영하였다.(출처: 통일부, 국립통일교육원)

5·24조치

2010년 3월 26일 천안함 폭침 사건 후 합동 조사단에 의해 북한의 소행임이 밝혀지자 정부는 도발하면 상응한 책임이 따른다는 사실을 인식시킨다는 차원에서 5월 24일 강력한 대북 조치를 발표하였다. 북한 선박의 우리 측 해역 운항 금지, 대북 교역 및 교류 전면 중단, 개성·금강산지구 외 우리 국민의 방북 불허, 순수 인도적 지원 외 지원 사업 전면 보류 등을 주요 내용으로 하고 있다.(출처: 통일부, 국립통일교육원)

7·7선언

노태우 대통령이 1988년 7월 7일 민주화의 진전과 서울올림픽 개최,

국제 환경의 변화 등 대북 자신감을 바탕으로 새로운 남북 관계를 정립하기 위해 제시한 '민족자존과 통일 번영을 위한 특별 선언'을 가리킨다. '7·7선언'의 내용은 모두 여섯 개 항으로 되어 있는데, 핵심은 북한을 적대 대상이 아닌 상호 화해와 협력을 바탕으로 공동 번영을 추구해 나갈 '선의의 동반자'로 규정한 것이다. 대북 비난 방송 중단, 북한 및 공산권 자료 개방, 남북 경제 교류 활성화를 위한 관련법 제정 등 후속 조치가 잇따랐다.(출처: 통일부, 국립통일교육원)

남북 경협 승인 제도

통일부는 "남북 경제 협력 사업은 남한과 북한의 주민(법인, 단체 포함)이 공동으로 행하는 경제적 이익을 주된 목적으로 하는 제반 활동으로서 구체적으로 남/북 주민 간의 합작, 단독 투자, 제3국과의 합작 투자는 물론 북한 주민의 고용, 용역 제공, 행사 개최 및 조사/연구 활동 등의 행위 중 사업의 규모나 계속성, 기타 형성되는 경제 관계의 특성을 고려하여 통일부장관이 경제 협력 사업으로 인정(승인)하는 행위를 의미함.(단순 인적교류, 교역은 제외)(출처: 통일부, 남북교류협력시스템)"으로 정의하고 있으므로 남북 경협 사업에는 통일부장관의 승인이 필요하다. 단, 남북 경협 사업자 승인은 2009년 폐지되었다.

남북 경협 형태별 분류

1) 단순 교역

원론적으로는 남과 북의 물자를 교역하는 것을 말하나 주로는 북한 상품을 남한으로 반입하여 판매하고 있다. 물론 개성공업지구와 금강산관광지구의 경우에는 남한의 상품이 북한으로 들어가 판매되지만 직접적으로 북한 주민이나 기업이 구매하는 경우는 없다. 따라서 현재 남북 사이의 일반 교역은 북한의 물건을 남한에 들여와 판매하는 경우로, 향후 북한에서도 남한 상품이 반입돼 주민과 기업들에게 팔려야 본연의 일반 교역이라 부를 수 있을 것이다.(출처: 서울시 남북 경협 편람)

2) 위탁 가공

위탁 가공 교역이란 위탁자가 원자재, 가공 설비, 기술 등을 수탁자에게 제공하여 제품을 생산한 다음 가공임을 수탁자에게 지불하고, 생산 제품을 위탁자가 다시 반입하거나 제3의 수취인에게 반출하는 방식의 교역을 말한다. 영문으로는 processing deal 또는 product buy back으로 표현한다. 수탁자가 기존의 설비와 기술을 활용하여 원자재를 공급받아 완제품을 생산하는 '단순 위탁 가공'과 위탁자가 원자재 이외에 생산 설비와 기술을 함께 제공하는 '설비 제공형 위탁 가공'으로 구분하기도 한다. 남북 간 위탁 가공 교역은 주로 북한의 노동력을 활용해서 노동 집약적인 경공업 제품에서 이루어지고 있는데, 초기에는 의류, 봉제를 중심으로 추진되다가 전자·전기, IT, 농산물 위탁 재배·가공, 생활용품 등으로 다양화되는 한편 고급 정장 등 가공임이 높은 분야로 발전하는 추세를 보였다. 그러나 2010년 북한의 천안함 폭침 도발에 대한 '5·24조치'로 사실상 중단된 상태로 오늘에 이르고 있다.(출처: 통일부 북한정보포털)

3) 내륙 투자

직접 투자는 개성공업지구와 금강산관광지구 이외의 북한 지역에 직접 투자하는 경우를 말한다. 투자 형태는 단독투자, 합작투자, 합영투자가 있다. 단독투자는 남한 기업이 100퍼센트 단독으로 투자하는 형태다. 합작투자는 투자 대상 기업의 지분 중 일정 부분을 투자하지만 경영권을 공유하지 않는다. 즉, 경영은 전적으로 북한 기업이 한다. 반면 합영투자는 일정 지분을 투자한다는 점에서 합작투자와 같지만 투자 대상 기업의 경영에 직접 참여한다는 점이 다르다.(출처: 서울시 남북 경협 편람)

4) 금강산관광

금강산관광은 1998년 4월 30일 김대중 정부의 '남북 경협 활성화 조치'에 따라 기업인의 방북이 허용된 이후 시작되었다. 정주영 현대그룹 명예회장이 조선아태평화위와 '금강산관광 및 개발 사업'에 합의(1998년 6월)하고, 금강호가 동해항에서 장전항을 향해 첫 출항(11월 18일)하였지만, 육로 관광이 허용(2003년 9월)됨으로써 더욱 활성화되기 시작했다. 2002년 제2차 북핵 위기가 발발하여 어려움도 겪었으나, 2007년 6월 내금강 관광이 개시되어 본격적 궤도에 올랐다. 그러나 2008년 2월 이명박 정부가 출범한 후, 7월 금강산 관광객이 피격 사망함으로써 중단되었다. 이후 북한은 금강산지구 내 남한 부동산 몰수 동결 조치(2010년 4월)와 남한 재산 법적 처분(2011년 8월 22일)을 단행하고, 남한 시설을 활용하여 금강산 국제 관광을 실시하고 있다.(출처: 행안부, 국가기록원)

5) 개성공단(개성공업지구)

개성공단 사업은 2000년 8월 22일 현대아산과 북한아태와의 합의로 시작되었다. 2003년 6월 30일 1단계 330만 평방미터 개발 착공식을 가졌고, 2004년 시범단지 분양과 첫 제품 출하가 이뤄졌다. 2005년 남측에서 개성공단으로 전력 공급(3월 16일)이 시작되고, 통신(12월 28일)이 연결된 후, 2007년 1단계 기반 시설 공사의 완료와 준공식(10월 16일)이 있었다. 2015년 말 총 125개 기업이 입주하여 123개 기업이 가동되었고, 북한 근로자 54,988명이 근무하였고, 누적 생산액은 총 32억 3,303만 달러의 제품 생산이 이뤄졌다. 그러나 2016년 북한의 4차 핵 실험(1월 6일)과 장거리미사일 발사(2월 7일)로 박근혜 정부는 개성공단 가동을 전면 중단(2월 10일)했다.(출처: 행안부, 국가기록원)

남북교류협력지원협회

남북교류협력지원협회는 남북 교류 협력과 관련한 정부 위탁 업무 수행, 조사 연구 및 분석, 대정부 정책 건의 등을 통한 남북 교류 협력 활성화 지원을 목적으로 2007년 5월 18일 설립된 대한민국 통일부 소관의 사단법인이다.(출처: 위키백과에서 발췌)

남북 교역 무관세 혜택

남북 교역은 민족 내부 거래로 국가 대 국가 간 거래가 아닌 동일 민족 간 거래로 보고 무관세 등의 혜택을 주는 무역 형태를 말한다.(출처: 통일부, 북한정보포털)

남북 기본 합의서

1991년 12월 13일 서명하고 1992년 2월 19일 발효된 '남북한 사이의 화해와 불가침 교류·협력에 관한 합의서'(이하 '남북 기본 합의서'로 표기)는 1990년부터 진행된 일련의 남북 고위급 회담을 통해 합의를 도출한 성과로써 남북한 간의 화해와 협력·상호 불가침, 남북 교류·협력에 대한 원칙과 실행 방안을 포괄한 남북한 관계의 기본 합의서에 해당한다. '남북 기본 합의서'는 1991년 12월 13일 제5차 남북 고위급 회담에서 정원식 국무총리와 연형묵 북한정무원 총리가 서명함으로써 채택되었고, 1992년 2월 18~21일 사이에 평양에서 열린 제6차 남북 고위급 회담에서 남북 양측의 총리가 각각 내부적인 발효 절차를 거쳐 교환함으로써 발효되었다.(출처: 행안부, 국가기록원)

남북 사이에 거래되는 물품의 원산지 확인 절차에 관한 합의서

2003년 7월 31일 체결된 남북 합의로 남과 북은 6·15 공동선언의 기본 정신에 맞게 남북 사이의 경제 협력 사업이 민족 내부 거래로서 경제 협력 사업을 증진·발전시키고, 거래 질서를 바로 세우기 위하여 남북 사이에 거래되는 물품에 대한 원산지 확인 방법 및 절차 등에 관하여 합의하였다.(출처: 대한민국 정책브리핑)

남북 상사 분쟁 해결 절차에 관한 합의

남과 북은 200년 12월 16일 6·15 '남북공동선언'에 따라 진행되는 경제 교류와 협력이 나라와 나라 사이가 아닌 민족 내부의 거래임을 확인하고 경제 교류·협력 과정에서 생기는 상사 분쟁을 공정하고 신속하게 해결하기 위하여 분쟁 해결을 위한 중재위원회 등의 구성과 의사 결정 등을 규정한 '남북 사이의 상사 분쟁 해결 절차에 관한 합의서'를 체결하였다.(출처: '남북 사이의 상사 분쟁 해결 절차에 관한 합의서'에서 발췌)

남북 상사 중재 위원회

상기 '남북 사이의 상사 분쟁 해결 절차에 관한 합의서' 및 2003년 10월 12일에 체결된 '남북 상사 중재 위원회의 구성·운영에 관한 합의

서'에 따라 분쟁 당사자 간 협의에 의해 해결되지 않는 분쟁을 중재하기 위해 남북 상사 중재 위원회를 두기로 합의하였으나 실제적으로 거의 역할을 수행하지 못했다고 평가된다.

남북 투자 보장 합의서

남북한은 1992년 '남북 기본 합의서'의 '부속 합의서'를 통해 남북한 경제 교류의 확대를 위한 투자 보장 합의서·이중 과세 방지 합의서·신변 보장 합의서 등의 체결을 추진하였으며, 2000년 6월 15일 남북 정상 회담에서 이를 재확인하여 2000년 12월 합의하였다. 합의서의 주요 내용은 투자 보장 합의서에 투자자와 투자 자산의 범위, 기업 활동 등에 대한 최혜국 대우의 보장과 함께, 투자 자금과 수익금의 자유로운 송금을 보장하기로 합의했고, 이중 과세 방지 합의서에서는 소득 발생지와 거주지의 이중 과세를 방지하는 소득 면제 방식을 채택했으며, 상사 분쟁 해결 합의서는 상호 신뢰를 바탕으로 남북 당사자 해결 원칙을 우선 규정하였다. 남북 투자 보장 합의서는 '6·15 남북공동선언' 이행의 가시적 성과로서 남북 간에 공동으로 적용될 최초의 제도적 장치를 남북 당국 간 협의를 통해 마련했고 남북 관계의 특수성과 국제 관행을 고려하여 합의서를 체결함으로써 남북 경협의 안정적 발전 토대를 구축했다는 점과 북한의 경제 개혁과 투자 유치 의지, 특히 남북 경협에 대한 의지를 재확인했다는 점 등에서 의의를 찾을 수 있다.(출처: 기획재정부, 시사경제용어사전)

남북 해운 합의서

남북 해운 합의서는 1990년대 중반부터 시작된 남북 간 교역을 활성화하기 위해 남북 당국이 마련한 규정이다. 2001년 6월 북한 상선 3척이 제주해협을 무단 통과하면서 쟁점화된 뒤 3년간 논의를 거쳐 2004년 5월 정세현 당시 통일부장관과 권호웅 북한 내각참사가 참가한 남북 장관급 회담에서 합의돼 그해 8월 채택됐다. 남북 해운 합의서는 남북이 쌍방 간의 해상 항로를 민족 내부 항로로 인정해 상대측 선박의 항해를 보장해 주는 것이 핵심 내용이다. 합의서는 또 남북은 자기측 해역에서 상대측의 선박에 충돌, 좌초, 전복 등의 해양 사고가 발생했을 경우 필요한 응급조치를 실시하고 선원과 여객의 신변 안전과 무사 귀환을 보장하고 있다.(출처: 연합뉴스)

민족경제협력연합회(민경련)

민족경제협력연합회(이하 민경련)는 북한에서 대남 민간 경협을 담당하는 기구로, 1990년대 정무원(현 내각) 시절 대외경제위원회 산하 단체로 출발했다. 민경련은 1998년 5월 이후부터 현재의 이름으로 활동해 오고 있고, 2000년대 남북 경협이 비교적 활발한 시기에 남한의 민족경제협력위원회(민경협)와 함께 경제 관련 단체들의 대북 교역 협의 창구 역할을 해 왔다. 민족경제협력연합회는 광명성총회사, 삼천리총회사, 개선무역회사, 금강산국제관광총회사, 고려상업은행 등을 산하에 두고 있는 것으로 알려진 바 있다. 광명성총회사는 피복, 경공업, 농수산물 분야에서 대남 경협을 전문으로 하고, 삼천리총회사는 주로 전자, 지하자원, 화학 분야에서의 투자와 교역을 담당하고 있으나 회사 간 분야가 뚜렷이 구분되는 것은 아니다.(출처: 통일부, 북한정보포털)

UN 안전보장이사회 대북 제재

유엔은 북한의 핵 개발 시도를 저지하기 위해 노력해 왔으며, 북한의 핵 실험 및 장거리미사일 발사 등에 대해 제재 조치를 취해 왔다. 북한의 핵 확산 금지 조약NPT 탈퇴로 초래된 제1차 북핵 위기 당시인 1993년 5월 11일 유엔은 북한의 탈퇴 선언 재고를 촉구한 결의안 825호를 채택했다. 유엔 결의안 825호는 북핵과 관련된 첫 번째 결의이다. 북한이 2006년 7월 15일 장거리미사일인 대포동 2호를 발사하자 유엔은 이에 대해 결의 1695호를 채택했다. 이를 통해 유엔은 북한의 장거리미사일 발사를 규탄했으며, 미사일 관련 물자, 상품, 기술, 재원의 북한 이전 금지를 유엔 회원국에 요구했다. 이후 유엔은 북한이 실시한 세 차례의 핵 실험에 대해 유엔 결의 1718호, 1874호, 그리고 2094호를 각각 채택했다.

북한은 2006년 7월 5일 장거리미사일 발사에 이어 10월 9일 핵 실험을 강행하였다. 북한의 장거리미사일 발사에 대해 유엔 안보리는 북한의 행동을 규탄하고 조건 없는 6자 회담 복귀와 '9·19 공동성명'의 조속한 이행을 촉구한 데 이어, 북한의 핵 실험에 대해서도 10월 14일 북한의 미사일 및 대량 살상 무기WMD 관련 물자 이전과 금융 거래 금지 및 북한 화물에 대한 검색 등을 골자로 하는 유엔 안보리 결의 1718호를 만장일치로 채택하였다.

북한의 핵 신고에 대한 검증 문제로 6자 회담이 공전되고 있는 상태에서 새로 출범한 오바마 행정부의 대북 정책 검토가 늦어지자, 북한은 미국을 협상장으로 조속히 끌어내기 위한 위협 조치들을 단계적으로 시행해 나갔다. 북한은 2009년 4월 5일 국제 사회의 경고에도 불구하고 장거리미사일을 발사한 데 이어 5월 25일 2차 지하 핵 실험을 강행했다. 유엔 안보리는 6월 12일 북한의 두 번째 핵 실험을 강력히 규탄하면서 2006년 1차 핵 실험 시 채택한 안보리 결의 1718호 보다 한층 강화된 대북 결의안 1874호를 만장일치로 채택했다.

김정은의 집권 이후인 2013년 2월 12일 북한은 3차 핵 실험을 단행했다. 이에 대해 유엔 안보리는 2013년 3월 7일 북한의 행동을 강력 규탄하고 대북 제재를 확대 강화하는 내용의 추가 결의 2094호를 만장일치로 채택했다. 유엔 안보리 결의 2094호는 북한의 핵 및 미사일 개발에 이용될 가능성이 있는 것으로 판단되는 현금 등 금융 자산의 이동이나 금융 서비스의 제공 금지, 북한을 출입하는 선박에 금지 물품이 적재됐다는 정보가 있으면 화물 검사를 의무적으로 시행하게 하는 내용을 담고 있다. 유엔 안보리 결의 2094호는 북한이 핵 실험을 단행한 지 3주 만에 채택되었으며, 북한의 금융과 무역 등 경제 활동에 타격을 줄 수 있는 조항이 포함되었다.(출처: 통일부, 북한정보포털)

남북 경제 협력의 흐름

2000년 10월~2001년 3월	대북 식량차관 최초 실시(쌀 30만 톤, 옥수수 20만 톤)
2002년 9월 18일	경의선, 동해선 철도도로 연결 착공식 거행
2003년 6월 30일	개성공단 착공식 거행
2003년 8월 20일	남북 4대 경협(투자 보장, 이중 과세 방지, 상사 분쟁 해결 절차, 청산 결제) 합의서 발효
2004년 6월 30일	개성공단 시범단지(92,400㎡) 준공
2007년 5월 17일	남북 열차 시험 운행 실시
2007년 10월 2~4일	2007 남북 정상 회담 개최(평양)
2008년 7월 12일	금강산관광객 피격 사건(7월 11일)으로 관광 중단
2008년 12월 1일	북한, 남북 육로 통행 제한 등 '12.01조치' 실시(2009년 8월 20일 해제)
2010년 5월 24일	천안함 피격 사건 관련 '05·24조치' 발표
2011년 4월 8일	북한, 현대아산의 금강산관광 사업 독점권 취소 일방 발표
2013년 4월 9일	개성공단 잠정 중단(9월 16일 재가동)
2013년 9월 30일	개성공단 남북 공동위원회 사무처 개소
2014년 11월 24~28일	나진-하산 물류 협력 사업 1차 시범 운송
2015년 8월 5일	경원선 남측 구간 철도 복원 기공식
2016년 2월 10일	개성공단 전면 중단
2018년 2월 9~25일	평창동계올림픽 북한 참가
2018년 4월 27일	2018 남북 정상 회담 개최(판문점)
2018년 5월 26일	남북 정상 회담(판문점 북측 지역 통일각)
2018년 9월 18~20일	남북 정상 회담(평양)

(출처: 통일부 경협 관련 일자 발췌)

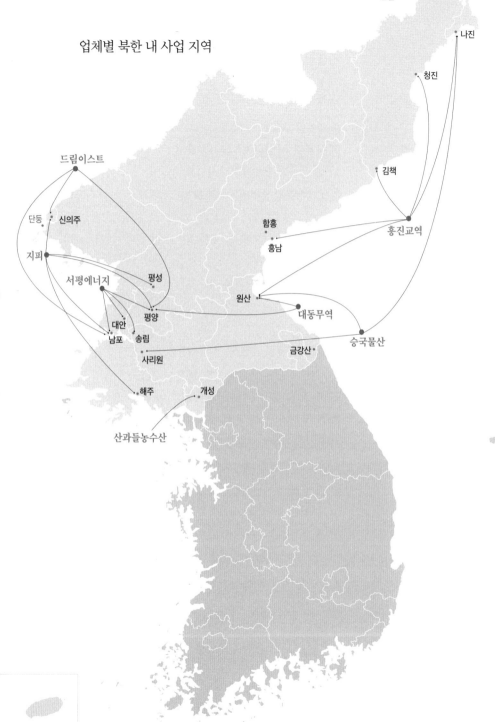

업체별 북한 내 사업 지역

연길

나진

청진

김책

홍진교역

함흥

흥남

드림이스트

단둥 신의주

지피

서평에너지

평성

평양

원산

대동무역

대안

남포 송림

사리원

승국물산

금강산

해주 개성

산과들농수산